Gryllefjord

Tromsø

Lofoten

Å

Sulitjelma

Korgen

SCHWEDEN

Gäddede

Namsos

Lit

NORWEGEN

Karlstad

Göteborg

DÄNEMARK

Kopenhagen

Föhr

Hamburg

Svenja Beller // Roman Pawlowski

Einfach Loslaufen

Eine Reise in fremde Leben.
Von der Haustür in den hohen Norden

INHALT

Holunder

Blaubeere

Moltebeere

Kopenhagen

Lyø

Faaborg

Gråsten

Föhr

Hamburg

HOLUNDER

VON HIER
AN FREMD

Kapitel 1 // *Hamburg – Föhr*

Es passiert ziemlich genau dann, als uns die drei Mädchen mit der Eispackung entgegenkommen. Ich meine so eine richtige Packung, die man im Supermarkt aus der Tiefkühltruhe kaufen kann, mit vielen kleinen Eis am Stiel drin, alle einzeln in Plastik eingepackt. So eine Packung tragen die Mädchen durch die Plattenbausiedlung und essen daraus, als wäre es eine Bonbontüte. Und ziemlich genau, als sich unsere Wege kreuzen, wird mir klar, dass ich hier nicht mehr zu Hause bin. Vielleicht ist es dieses unterbewusste Gefühl, dass wir nun in eine Gegend kommen, in der man sein Eis so isst, aus der Packung im Gehen, so ein Gefühl von anderen Verhaltenskodexen, anderen Normalitäten. Vielleicht wird mir aber auch zufällig in diesem Moment klar, dass ich hier nichts mehr kenne, weder den Gemüseladen an der Ecke noch den Kiosk oder den Friseursalon. Von hier an könnte ich auch in Bremen sein, oder in Wuppertal, bin ich aber nicht. Ich bin immer noch im Süden Hamburgs, ungefähr eine halbe Stunde Fußweg von zu Hause entfernt.

Es hat sich komisch angefühlt, eine Reise so unspektakulär zu beginnen. Gegen Mittag hatten wir endlich alles erledigt, was man vor einer langen Reise so erledigen muss. Wir hatten unsere Rucksäcke gepackt, gewogen, wieder ausgepackt, aussortiert, wieder eingepackt, erneut gewogen und uns schließlich mit dem Gewicht arrangiert, das uns nun zwei Monate lang begleiten würde. Wir hätten dann auch in unseren Bus steigen können, den wir uns zwei Jahre zuvor gemeinsam gekauft und ausgebaut hatten, mit der Aufschrift »Immer gut bedacht« auf der Seite, von dem Dachdecker, der ihn davor besessen hatte. Oder in die Bahn, ein bisschen dösen, Landschaft vorbeirauschen lassen, mittelmäßigen Filterkaffee mit Milch und Zucker bestellen. Oder ins Flugzeug, nach Einchecken, Sicherheitskontrolle und Duty-Free die Welt von oben sehen, durch die Wolkendecke fliegen und sich vorstellen, man könne auf ihr hüpfen.

Stattdessen zogen wir einfach die Tür hinter uns zu und liefen los, Wanderschuhe an den Füßen, kurze Hosen, je einen großen Rucksack auf dem Rücken – Romans etwas schwerer als meiner, wegen seines Kamera-Equipments. Das leichte Gefälle unserer Sackgasse hinunter bis zur Hauptstraße, nach links entlang der Einfamilienhäuser mit ihren üppig bewachsenen Vorgärten. Durch das kleine Waldstück, um die Fußballplätze bis zur Bundesstraße. Neben den vorbeirauschenden Autos und Lastwagen die Straße hinauf, unter den S-Bahn-Schienen hindurch zu dem kleinen, schäbigen Einkaufszentrum. Wie oft ich diesen Weg schon mit dem Fahrrad gefahren war, meistens zur Bahn, mit dem Kopf war ich da häufig schon ganz woanders. Auch dieses Mal versuchten wir mit dem Kopf voraus zu sein, nur wussten wir nicht, wo dieses Voraus sein würde. Und so liefen unsere Gedanken nie weiter, als das vielleicht ein Hund tun würde, mit dem man spazieren geht, immer in Sichtweite. Wir kamen uns ein bisschen lächerlich vor mit unseren großen Rucksäcken und den klobigen Schuhen, die ja doch eher für unwegsame Bergwege bestimmt sind und nicht für die blank gewischten Fliesen eines Supermarktes.

Zum ersten Mal verließ ich an diesem Tag das Einkaufszentrum durch den nördlichen Ausgang. Und da laufen sie uns dann entgegen, die Mädchen mit ihrer Eispackung, und es beschämt mich ein wenig, dass ich mich hier nun so fremd fühle.

Ein Einfamilienhaus-Wohngebiet, einen Bachlauf, einen Regenschauer und einen Waldweg später müssen wir vor der Undurchdringlichkeit des Dickichts kapitulieren. Der Weg wird zunächst immer schmaler, dann zu einem Pfad, zu

In der ersten Nacht am Elbstrand stellt sich das Gefühl des Reisens ganz allmählich ein.

einem Trampelpfad, nein, Moment, ist da noch eine Schneise? Sind die langen Grashalme dort nicht geknickter als die anderen? Könnte der Baumstamm da über dem Bach nicht eine Brücke sein? Erst als wir hoffnungslos im Gebüsch festsitzen, zerkratzt und zerstochen, sehen wir es ein.

Also zurück. Dahin, wo der Waldweg noch deutlich als solcher erkennbar gewesen ist; vorbei an dem Dickicht, in dem vor wenigen Minuten ein Reh verschwand, entlang des Springkrauts, das wir mit kindlicher Freude hatten zerplatzen lassen, zurück zu dem hölzernen Unterstand, unter den wir uns gemeinsam mit einem Paar, einem Säugling und einem verschreckten Kätzchen vor dem Regen geflüchtet hatten.

Jetzt liegt der Gedanke nahe, dass es doch eine bessere Idee gewesen wäre, den Bus, die Bahn, das Flugzeug zu nehmen. Aber diesmal wollen wir alles anders machen. Wir wollen das Echte kennenlernen, wir wollen es entdecken, das Gute und das Schlechte, das Schöne und das Hässliche, das Angenehme und das Anstrengende. Wir wollen einfach loslaufen und auf alles verzichten, was einen Filter zwischen uns und unsere Umgebung schiebt: Reiseführer, Smartphone (stattdessen simple Handys), Laptop, Hotels, Vorrecherche. Am liebsten sogar auf das Vorwissen, das man ja immer ein bisschen hat, weil man schon mal da war oder irgendwann etwas darüber gelesen hat. Am liebsten hätte ich all das vergessen, durch einen monströsen Filmriss oder eine geheime Löschen-Taste am Hinterkopf, aber das geht natürlich nicht. Ein bisschen Filter ist immer.

Spätestens jetzt, als wir uns – man kann es nicht anders sagen – verlaufen haben, wird uns klar, wie uneigenständig uns dieser Purismus macht. Wir sind abhängig von unserer Umgebung, von jemandem, der uns nun sagt, wo es langgeht.

Wir hatten uns bloß auf eine Himmelsrichtung geeinigt, in die wir gehen wollten. Wir hatten nicht lange überlegen müssen. Wir hatten uns angesehen und es gewusst. Norden.

In den geordneten Bahnen von Kleingartenwegen und Landstraßen lassen wir Hamburg hinter uns. Die städtische Schroffheit weicht, die lieblichen Felder und Apfelplantagen des Alten Landes breiten sich vor uns aus. Zwei langhaarige Mädchen knirschen auf Rollerskates an uns vorbei und grüßen schüchtern. Wir müssen ihnen wie Fremdkörper vorkommen in dieser Gegend, die eher von Radtouren und Kaffeefahrten heimgesucht wird – Blütenfest, Schlemmer-tag, Buntmauer-Fachwerk. Der Name des Landstreifens südlich der Elbe geht auf die niederländischen Besiedler des zwölften Jahrhunderts zurück. Mit Entwässerungsgräben und Deichen machten sie das Sumpfland urbar, bereits bearbeiteten Grund nannten sie »altes Land«, unbearbeitetes folglich »neues Land«. Unweigerlich blieb am Ende der Arbeiten nur altes Land übrig.

Und auf diesem werden uns nun so langsam die Füße schwer.

Ich habe meine Hand mit dem ausgestreckten Daumen noch nicht ganz ge-hoben, da hält »Rolf der Golf«. Sein Fahrer Nico – blau kariertes, in die Jeans gestecktes Hemd, dünner Unterkieferbart, stämmig – räumt eilig allerlei Kram und leere Flaschen von den Sitzen. An seinem Ohr pulsiert das blaue Lämp-chen eines Headsets.

»Super, danke«, sagen wir.

»Ist doch geil«, sagt er.

Weil er gerade nichts Besseres zu tun hat, setzt er zur gemeinsamen Spritztour an. Obsthof, Elbe, die größten Strommasten Europas, das Schiff, auf dem er bald heiraten wird. Unser Ausflug endet im Grau. Nico bringt uns zu einem Strand gleich neben einer alten Festungsanlage, hier kann man gut zelten, sagt er. Regen prasselt auf die Scheiben, langsam verschwinden der Deich, die kleine Brücke und die alten Gemäuer hinter der Kondensschicht, die sich von innen auf die Scheiben legt. Grauerort heißt die Festung, einst von den Preu-ßen zum Schutz vor den Franzosen errichtet, die aber nie kamen. Als der Re-gen schwächer wird, schenkt Nico uns zum Abschied zwei Flaschen Bier. Wir laufen über den Deich zum Elbstrand und bauen unser Zelt auf dem feuchten Sand im Schutz einiger Bäume auf. Bei Bier und Fertignudeln beobachten wir die Containerschiffe und Öltanker, wie sie sich träge an uns vorbeischieben, und das Licht, wie es sich langsam orange, rot und schließlich tiefblau ver-färbt. Das Gefühl des Reisens stellt sich ganz allmählich ein, wir haben Zeit, uns daran zu gewöhnen.

Gegen halb sieben wecken uns Enten, Vögel und leichtes Tröpfeln auf der Zeltplane. Der nächste Wecker geht gegen neun, als sich der Himmel don-nernd und blitzend über uns entleert. Kurz überlegen wir, ob wir aus der Nähe der Bäume fliehen sollen, aber wir sind träge, die Augen fallen uns wieder zu,

Drei Buchstaben für jeden: Pit und sein Bullmastiff Leo.

und nach einer knappen Stunde ist das Unwetter vorbeigezogen. Ein Hund schnüffelt an unserem Zelt, ich fürchte, dass er es jeden Moment pinkelnd markieren wird, zum Glück hält er das wohl doch nicht für nötig.

Der nächste Hund, ein wuchtiger Bullmastiff, erwartet uns auf der Autofähre über die Elbe. Zwischen Wischhafen im Süden und Glückstadt im Norden übt der Fluss schon, wie es ist, ein Meer zu sein. 3.5 Kilometer Flusswasser trennen an dieser Stelle die beiden Ufer, genügend Zeit, um das Herrchen des Mastiffs kennenzulernen. Pit – hellblonder Schnauzbart, Glatze, schwarze Jogginghose, blaue Augen – ist mit seinem dreijährigen Leo auf großer Reise. Für sein Wohnmobil hat er sich extra zwei Namensschilder anfertigen lassen, Pit und Leo, drei Buchstaben für jeden.

Als wir das Nordufer erreichen, dürfen wir einsteigen. Keiner von uns hat einen Plan, wo es hingehen soll, also fahren wir einfach los. Pit stellt ein Ziel auf seinem Navigationssystem ein, missachtet dann aber die Anweisungen, und so fahren wir eine Weile nur um des Fahrens willen, es stört keinen von uns. Roman und ich haben die beiden Plätze auf der Sitzbank hinten am Esstisch eingenommen, Leo sitzt auf dem mit grauem Plüsch bezogenen Beifahrersitz, seine Vorderpfoten auf einem Kasten aufgestützt, den Pit ihm für diesen Zweck gebaut hat. Den bulligen Kopf streckt er aus dem Fenster, seine Ohren schlackern im Fahrtwind. Als uns die Leute am Wegesrand zuwinken, lächelt Pit seinen Begleiter liebevoll an.
»Ja, der Leo ist immer so ein kleiner Star«, sagt er und tätschelt dessen hellbraunes Fell. »Na, Männeken, unsere ersten Tramper, ne?«
Leo schweigt und blickt auf die vorbeiziehende Landschaft.
Sie sind auf dem Weg zur See, nach Rügen, danach vielleicht noch nach Berlin, da seien sie auch früher schon mit dem alten VW-Bus gewesen. Das gebrauchte Wohnmobil, in dem wir nun sitzen, hat Pit extra für diese Tour gekauft – sein Befreiungsschlag gewissermaßen. Die letzten dreieinhalb Jahre habe er sich nur um seine dementen Eltern gekümmert. »Vaddern ist mit Bademantel in die Nachbarsgärten gelaufen.« Und wenn sein Bruder ihrer Mutter, »der alten Dame«, Bier und Jägermeister mitgebracht hatte, war Pit sauer geworden. Nun sind die Eltern tot, zu seinem Bruder meidet er den Kontakt, den zu seiner eigenen Tochter hat er verloren.

»Jetzt muss ich mich mal intensiv um mich kümmern. Ich hab auch nicht mehr unendlich viel Zeit«, sagt er. Der nächste Arzttermin sei erst in zwei Monaten. Ich traue mich nicht zu fragen, wofür.

Inzwischen haben wir den Nord-Ostsee-Kanal erreicht, die knapp 100 Kilometer lange Abkürzung für den Schiffsverkehr zwischen Nord- und Ostsee, der sonst den Umweg um Dänemark nehmen müsste. Der unscheinbare Kanal gilt als meistbefahrene Seeschifffahrtsstraße der Welt, Pit will ihn gerne sehen, wir auch.

Am Parkplatz vor der gigantischen Autobahnbrücke über den Kanal lassen wir Leo im Auto zurück – zum Aufpassen, wie Pit seinem Begleiter einschärft, weil auf diesem Schild am Parkplatz steht, dass man hier aufpassen soll. Wir folgen dem schmalen Weg, der direkt unter der Brücke zu einer Aussichtsplattform führt. Winzig klein fahren dort unten die Containerschiffe Richtung Norden, der Blick geht endlos über das platte Land.

Pit sucht einen Platz aus, wo wir schlafen können. Wir fahren runter zum Kanal in die Nähe des großen Getreidesilos, auf das er von oben gezeigt hat, gleich neben einer kleinen Autofähre. Leo läuft ein bisschen zu interessiert zu den Enten, die am Ufer im Wasser dümpeln.

»Leo, die sind lieb!«, ruft Pit. Das letzte Wort zieht er in die Länge. »Lie-hieb.« Man kann sich ja nie ganz sicher sein, wie viel ein Hund von der menschlichen Sprache versteht, aber er lässt die lieben Enten lieb sein, das ist die Hauptsache.

Bis tief in die Nacht sitzen wir an dem kleinen Tisch im Wohnmobil zusammen – ohne Bier, Pit ist seit Jahren trocken. Früher, da habe er schon mal eine Woche durchgesoffen. Die acht Wochen Alkoholtherapie seien dann die beste Zeit gewesen. »Das war schöner als die ganze Sauferei davor.«
Nun ist er fast sechzig und betrachtet sein Leben mehr im Rückblick denn im Blick nach vorn. Unweigerlich tut er mir leid. Ich tue ihm damit wahrscheinlich unrecht. Vor uns sitzt ein freier Mensch, der nichts gibt auf Konventionen und Gepflogenheiten, der eine rote Clownsnase dabeihat, um den Menschen, die an den Ampeln warten, ein Lächeln abzuringen, der fahren kann, wohin er will. Hier sitzen wir nun, an unserem ganz eigenen Platz am Wasser. Dreißig Jahre Altersunterschied – Leo mal außen vor gelassen – sagen nichts darüber aus, wie gut eine Unterhaltung sein kann.

Kurz vor acht werden wir von einem Rasenmäher geweckt, der sich über den Grünstreifen neben dem Kanal langsam auf uns zuarbeitet. Verschlafen packen wir unser Zelt zusammen, auf dem Weg zu Pits Wohnmobil werden wir von einer sichtlich amüsierten Bauarbeitergruppe gemustert. Einer von ihnen deutet auf einen Grasflecken hinter einer schiefen Absperrung.

»Da könnt ihr nicht zelten, da brütet 'ne Ente«, sagt er. Die anderen feixen. Eigentlich wollten sie den ganzen Platz neu pflastern, jetzt müssen sie warten, bis die Ente ihre Jungen ausgebrütet hat. Wir feixen zurück.

Gemeinsam mit Pit und Leo fahren wir nach Sankt Peter-Ording, »ans große Wasser«, wie Pit mit einem aufmunternden Seitenblick auf Leo ruft. Und der freut sich dann tatsächlich, als wir auf den weiten Sandstrand fahren und die raue Nordsee sich tosend überschlägt. Er rast los und Pit strahlt verzückt. Außer uns haben sich nicht viele Menschen hinausgewagt. Der Wind peitscht den Sand über den Boden, einige wenige Kitesurfer lassen sich von ihren Drachen durch die Wellen ziehen. Regen zwingt uns bald unter einen der Pfahlbauten, die bei Ebbe von Strand und bei starker Flut von Wasser umgeben sind.

Und wie wir da so stehen, am Meer, da wollen wir gar nicht wieder weg. Eher noch weiter rein, auf eine Insel vielleicht? Die Nordseeinseln sind nicht weit von hier, Föhr zum Beispiel. Warum eigentlich nicht? Weil Pit keine Eile hat, irgendwo anzukommen, bringt er uns zum Fähranleger. Als wir mit dem Wohnmobil vom Strand rumpeln, winkt uns ein Surfer zärtlich hinterher. Leo schweigt. Als ich ihm später am Fähranleger zum Abschied über den Kopf streichle, da fällt es mir fast ein bisschen schwer zu gehen.

Über das Meer fahren wir in den Abend hinein, ich taxiere die anderen Fahrgäste, kann mich aber nicht überwinden, sie anzusprechen. Ich beneide sie. Die Kinder, die gerade eines von den Souvenirs in der Auslage auf den Boden geworfen haben, genauso wie die tätowierte Frau mit den furchtbar pinken Haaren. Weil sie wissen, wo sie hingehören, zumindest denke ich das. Sie planen vielleicht gerade im Kopf das Abendessen zu Hause oder freuen sich auf ihr Bett. Noch vor zwei Tagen wäre mir das vermutlich langweilig vorgekommen, ich hatte mich ja darauf gefreut, auf Reisen zu gehen. Und nun sitze ich fröstelnd auf dieser Fähre, esse einen Schokoriegel gegen den aufkommenden Hunger und vermisse etwas, das ich für lange Zeit nicht mehr haben würde: Sicherheit.

Als wir die Nordseeinsel erreichen, gehen alle zielstrebig ihrer Wege, wir bleiben mit suchenden Blicken zurück, bis auch der letzte Kombi vom Parkplatz gerollt ist. Wie kommen wir nun hier weg? Öffentliche Verkehrsmittel wollen wir so gut es geht meiden, es sei denn, es gibt keine Alternative, wie bei der Fähre. Wenn man irgendwo einsteigt, weiß man meistens, wo man wieder aussteigt. Trampt man aber mit dem nächsten Auto, das anhält, muss man sich auf dessen Fahrtrichtung einlassen. Aus dem gleichen Grund wollen wir auch auf Übernachtungen an dafür vorgesehenen Orten, also in Hotels, in Hostels, auf Campingplätzen oder bei so neumodischen Dingen wie Airbnb oder Couchsurfing verzichten. Letzteres würde uns zwar zu fremden Menschen führen, aber vor allem zuerst ins Internet, und aus dem wollen wir gerne mal raus.

Warum virtuelle Menschen suchen, wenn man auch einfach echte, anfassbare fragen kann?

Vielleicht sogar welche, von denen es gar keine digitale Kopie im World Wide Web gibt (ich bin mir sicher, dass Pit keinen Couchsurfing-Account hat)? Wir wollen die klassischen Wege eines Reisenden verlassen und unsere eigenen finden.

Vielleicht ist es dann die einbrechende Dunkelheit, vielleicht der einsetzende Regen oder einfach unser Gefühl von Verlorenheit, das uns dazu veranlasst, den vorbeifahrenden Linienbus anzuhalten. In unzähligen Schleifen kreuzen wir über die 82 Quadratkilometer große Insel, die sich selbst als die »Friesische Karibik« anpreist. In dem sehr friesischen (und weniger karibischen) Örtchen Nieblum steigen wir an der einzigen Haltestelle bei der Tankstelle aus. Fachwerkhäuser, kleine Restaurants, ein Fahrradverleih. Im Imbiss erkundigen wir uns nach einem Ort, an dem wir unser Zelt aufstellen können – was auf Föhr wie auch auf dem Festland eigentlich verboten ist.
»Geht mal zum Hücki«, sagt der Imbissbudenbesitzer. »Und sagt ihm 'nen schönen Gruß von uns.«
Wir laufen los, Richtung Meer, zu Hückis Surfschule. Ein Schaf erhebt sich schwerfällig auf dem Deich und schlurft auf uns zu. Ich bin müde.
Und dann ist es wie in einem dieser Filme, in denen der Protagonist von allen Leuten angestarrt wird, während er einen sehr langen Weg durch sie hin-

durchlaufen muss und die Geräusche um ihn herum langsam verstummen. Die Surflehrer stehen am Kiosk, einer Bretterbude hinter den anderen größeren Buden, in denen die Boards und Segel gelagert werden. Es ist der einzige Ort, an dem noch Licht brennt, sie hören Musik. Der Holzsteg bis zum Kiosk ist lang, wir haben viel Zeit, die Aufmerksamkeit auf uns zu ziehen, und dann dreht tatsächlich jemand die Musik leiser.

Wenig später stehen wir auch im Kiosk und trinken Manhattan, der aus einer Plastikkanne ausgeschenkt wird. Manhattan gehöre immer und überall dazu, fachsimpelt Hücki, der eigentlich Dirk heißt und dem die Surfschule gehört. Unser Zelt haben wir im »Fuchsbau« aufgebaut, einer kleinen Senke hinter den Hütten, Wohnmobilen, Bussen und dem Volleyballplatz, die ihren Namen einigen fünfzehnjährigen surfwütigen Jungs zu verdanken hat, die sich selbst »die jungen Füchse« nannten.
Hücki erzählt viel und ich bin froh darüber, umso weniger muss ich erzählen. Von Manhattan-Mischweisen, vom Snowboarden, wie es früher war, und von einem Freund, der sich in der Halfpipe den Rücken gebrochen hat und nun querschnittsgelähmt ist. Mit einem extra dafür konstruierten Sitz hat Hücki ihm das Kitesurfen beigebracht, richtig schnell sei der schon gefahren. Hücki schenkt den Manhattan nach, als sei es Saft, und wir trinken ihn auch so.

Am nächsten Morgen wollen wir uns die letzten Alkoholspuren mit einem eis-kalten Bad im Meer austreiben. Eine alte Dame sitzt am Strand und erklärt uns den Ausblick auf die umliegenden Inseln ganz so, als wäre sie eine dieser Informationssäulen bei einem Museumsrundgang. Amrum, die Hallig Lange-neß, ja, und Sylt kann man vergessen, hat der Tourismus kaputt gemacht, im Winter brennen da in manchen Orten nur noch zwei Lichter, es wohnt einfach keiner mehr da.
»Aber nun geht mal ins Wasser, seid mal tapfer«, sagt sie, als sei ihr Programm-punkt jetzt vorbei.
Uns bleibt die Luft weg, als wir uns in das viel zu flache Wasser fallen lassen, immerhin ernten wir anerkennende Blicke, als wir zur Surfschule zurückkeh-ren. Wir haben uns die heiße Dusche verdient, die eigentlich den Surflehrern vorbehalten ist. Und dann wird es doch noch karibisch auf Föhr. Die Dusche erinnert an Urlaube in Ländern, in denen man zumindest temperaturmäßig

gesehen keine geschlossenen Badezimmer braucht. Ein paar zusammengezimmerte Bretterwände, über der Brause freier Himmel, der nun leichten Nieselregen zum Duschwasser hinabschickt. Während ich mich so vom warmen Wasser auftauen lasse, beginne ich, die Surflehrer um ihr Leben hier draußen zu beneiden. Die meisten von ihnen sind nicht älter als zwanzig und kultivieren vielleicht mehr oder weniger aus Versehen eine alternative Lebensform.

Wer braucht schon Häuser, Badewannen und Induktionsherde, wenn es Strände, Busse und eine Kanne voll Manhattan gibt?

Diese Jungs sind irgendwie in diese Welt hineingerutscht, ohne die Hilfe von Ratgebern, die sagen, dass es richtig ist, was sie tun. Sie sind die personifizierte Sehnsucht für das überarbeitete Großstädtertum.

»Typisch Föhr? Ne, falsche Adresse. Ich bin nur zufällig mein Leben lang hier«, sagt Hücki. Seit er vier Jahre alt sei, spielten sich seine Sommer größtenteils vorm Deich ab.
»Es gibt Leute in Nieblum, die waren noch nie hier am Strand. Das ist 300 Meter weit weg!« Engstirnig sei das.
Typisch Föhr, das seien die Kinder von den ganz kleinen Dörfern, die in der Schule erst mal Deutsch lernen müssten, weil sie zu Hause nur Friesisch sprächen. Typisch Föhr, das seien die Cliquen, in denen man entweder schon immer sei oder niemals reinkäme. Typisch Föhr, das sei der Tag gewesen, an dem die Bewohner aus der Stadt Wyk (rund 4500) die Insel in die eine Richtung umrundeten und die Bewohner der Dörfer (rund 4200) in die andere. Irgendwann hätten sie sich auf dem Deich getroffen, und dann seien Kräfte gemessen worden – die der Städter gegen die der Landbewohner.

Fischgärten waren auch mal typisch Föhr. Jetzt gibt es nur noch einen. Heinrich Elvert, neunundsiebzig Jahre alt, teilt ihn sich mit zwei anderen Rentnern. Immer dann, wenn das Wasser geht, kommt einer von ihnen. Immer. Wir besuchen ihn, und er nimmt uns mit. An diesem Morgen ist er schon um Viertel nach fünf hinausgewatet, wir laufen nun zur zweiten Ebbe am Nachmittag mit ihm durch das Watt, vorbei an den Fischzäunen zu der Reuse, in die sich hoffentlich ein Fisch verirrt hat. Die Zäune bauen die Männer jedes Frühjahr

Immer dann, wenn das Wasser geht, kommt er: Heinrich Elvert.

in der Form eines Pfeils auf, bei Flut können die Fische hineinschwimmen, bei Ebbe bleibt ihnen kein anderer Weg als der in die Reuse.

»Nee, da ist nichts«, murmelt Heinrich Elvert, als wir die Reuse noch nicht erreicht haben. Mit einem Holzstock trommelt er auf den Plastikeimer in seiner Hand, um die Seeschwalben zu vertreiben, die über unseren Köpfen kreisen. Heute Morgen hat er einen mehrere Kilo schweren Wolfsbarsch gefangen, den bekam sein Arzt. »Wenn man älter ist, dann geht man ja öfter zum Arzt«, sagt er und deutet ein schüchternes Lächeln an. Er lässt die winzigen Fische, Krebse und Quallen frei, die sich in der Reuse verfangen haben, sie eilen davon, zu unseren Füßen fangen zwei Krebse an zu kämpfen.

Früher, da habe beinahe jeder auf Föhr so einen Fischgarten gehabt. »Die wurden zusammen mit dem Haus vererbt.« Der weißhaarige ehemalige Maurer spricht mit schwerer Zunge und starkem nordischem Einschlag, er lispelt leicht. Heutzutage nehme sich keiner mehr Zeit für die Zäune im Meer, und so hörte einer nach dem anderen auf. Stellt man den Garten in einem Jahr nicht auf, hat man das Recht verloren, es jemals wieder zu tun. Eine Tradition stirbt. Ewig wird auch Heinrich Elvert das nicht mehr machen können, was dann aus dem letzten Fischgarten von Föhr wird, weiß er nicht, nur er hat den erforderlichen Schein dafür.

Offiziell wolle man die Fischgärten auf der Insel nicht mehr, die Methode werde mittlerweile als tierquälerisch erachtet, erzählt uns Hücki später. Auch er hatte mal einen Fischgarten. Hatte.

Heutzutage geht man feiern auf Föhr, wobei, das tat man sicher auch früher schon. Manhattan! Bier exen. Manhattan! Großraumtaxi. Wir lassen uns mitschleifen, ins »Heimi« – »Heimathafen« –, eine zur Bar umfunktionierte Werkstatt in der Stadt. Es ist voll und laut, die neunzehnjährige Svenja hat fünf Manhattan intus und ist leicht neben der Spur, hält aber tapfer durch.

»Das ›Olli‹ ist eigentlich scheiße, aber irgendwie landen wir da doch jedes Wochenende«, ruft mir Kerstin ins Ohr. Ins »Olli« also – »Olympic«. Der Club erinnert mich unangenehm an die Großraumdisco meiner Jugend auf dem Land, das »Voodoo«, das erst in »Schlaflos«, »Corona« und »Skyline« umbenannt wurde, bevor das Grundstück in die Hände eines Tankstellenbesitzers überging. Mädchen in bauchfreien T-Shirts stehen in den bunten Lichtern vorm Eingang, ein sehr dicker Junge streitet mit einem sehr dünnen Jungen über Computerspiele. Schließlich enden wir drinnen. Die Musik ist grauenhaft, unsere neuen Freunde hüpfen hemmungslos auf der Tanzfläche. Fasziniert und ungläubig zugleich beobachte ich im Nebenraum zwei Pärchen beim enthusiastischen (älteres Paar) und ungelenken (jüngeres Paar) Disco-Fox. Ich wusste nicht, dass man das noch macht.

Ich schließe die Augen, und in Gedanken tanze ich, sechzehnjährig, Disco-Fox beim Abschlussball des Tanzkurses, mit diesem furchtbaren rot-schwarz changierenden Kleid und den auftoupierten Haaren, die ich wenigstens auch schon damals furchtbar fand. Und so schafft es dieser unsägliche Disco-Fox, dass ich mich nun doch ein bisschen heimisch fühle.

FÜRCHTET EUCH,
FÜRCHTET EUCH NICHT

Kapitel 2 // **Föhr – Gråsten**

Wer sind wir? Unser nun ständig wechselndes Umfeld verlangt nach einer Definition, immer wieder, und zwar nach einer kurzen. Wir hätten uns vor der Reise einen markigen Satz zurechtlegen sollen, stattdessen holen wir weit aus, um zu erklären, was wir hier eigentlich machen und warum.

Tja also, wir reisen gewissermaßen ohne Plan, wir trampen viel und versuchen, bei fremden Leuten unterzukommen, weil wir in einen intensiveren Kontakt mit unserem Umfeld kommen wollen, als das Reisende normalerweise tun ... Besonders gut verkaufen können wir uns nicht, bereits nach dem zweiten Satz unserer Erklärungen spüre ich die Unruhe in den Fragenden aufkommen. Sie wollten etwas hören wie »Rucksacktouristen« oder »Interrailer«, irgendeine Gruppe eben, die sie kennen und der sie uns zuordnen können: Ah, das sind solche, weiß ich, kenn ich. Wir stören dieses Bedürfnis nach Ordnung, deswegen suchen sich die Menschen manchmal einfach selbst eine Kategorie für uns aus. »Wandersleute« zum Beispiel.

Das verrät uns Viola, die Violinistin mit den lockigen Haaren, die wir auf Föhr im Bus kennengelernt hatten. Wir hatten ihr offenbar zu einiger Bekanntheit verholfen, wie sie uns nach unserer Begegnung schreibt: »Feriengäste, die ich später traf, sagten: Wir kennen Sie aus dem Bus. Sie hatten sich mit den Wandersleuten unterhalten.« Die anderen Fahrgäste erinnerten sich also nur an sie, weil sie mit uns gesprochen hatte. Das kann einem schmeicheln, oder man kann sich fragen, wie abgerissen man ausgesehen haben muss, dass man sich so in das Gedächtnis anderer Leute eingebrannt hat, deren Gesichter man selbst überhaupt nicht mehr vor Augen hat. Was hat sie wohl dazu verleitet, uns als »Wandersleute« zu deklarieren? Die großen Rucksäcke? Die klobigen Schuhe? Die ungewaschenen Haare? Wir waren offensichtlich keine normalen Feriengäste wie die anderen Leute im Bus. Wir gehörten nicht dazu.

Viola war so ein normaler Feriengast gewesen. Wir hatten sie beneidet, weil sie wusste, wo sie hinfuhr, wo sie ein Bett haben würde, und wir nicht. Zumindest glaubte sie das. Dann schreibt sie uns: »Ich wollte für Euch nachfragen, ob es in meiner Unterkunft noch Übernachtungsmöglichkeiten gibt, und als ich ankam, gab es auch kein Bett für mich! Das glaubt mir keiner, aber es ist passiert.« Letztendlich fand sich eine Lösung, wie sich in Deutschland ja eigentlich immer eine Lösung findet, die entspannte Urlaubswoche aber, die wir ihr unterstellten, hatte sie nicht. Uns gereicht das zu der zugegeben sehr simplen Erkenntnis: Nur weil es uns mal schlecht geht, geht es nicht gleich allen anderen gut. Wir Wandersleute sollten mit unserem Neid besser haushalten.

In Husum, wo wir nach Föhr landen, gelten wir vermutlich als die »Nervensägen« oder die »Unerwünschten«, zumindest würde ich uns hier so nennen. Die rund 22 000 Einwohner zählende Stadt nennt sich selbst augenzwinkernd »Metropölchen«, aber an einem Sonntagabend muss wohl auch eine kleine Metropole mal schlafen. Wir laufen durch die menschenleeren Straßen, vorbei an ausgestorbenen Kneipen, es regnet. Plötzlich läuft ein Hoffnungsschimmer vorüber. Ein blonder Typ, vielleicht Ende zwanzig wie wir. Wir zögern, fast einen Moment zu lange, dann hechtet Roman ihm hinterher, als er gerade eine Haustür aufschließen will.

Er stellt sich als Marvin vor, für Freunde Marve. Wir fühlen uns schlecht dabei, ihn so zu überfallen, aber wir haben beide das drängende Gefühl, dass er unsere einzige Chance ist. Er hört unseren umständlichen Erklärungen interessiert zu, dann erzählt er von den jährlichen Reisen durch Deutschland mit seinem Kumpel Alex, die würden sie auch so ähnlich machen wie wir. »Ich will dann einfach mal wieder Mensch sein«, sagt er, zündet sich eine Zigarette an und setzt sich in den Hauseingang.

In seine Wohnung können wir leider nicht, er teilt sie mit seiner Freundin, und mit der ist es gerade ein bisschen angespannt, deswegen auch der abendliche Spaziergang, von dem er wiederkommt. Er wolle jetzt mal kurz hoch, dann könne er ein paar Freunde fragen, »wartet hier«.

Wir warten. Es regnet immer noch. Ich stelle mir die gedrückte Stimmung nach dem Streit da oben in der Wohnung vor.

Dann geht die Tür wieder auf, leider kein Erfolg, er empfiehlt uns den Pub an der Ecke zum Leute-Kennenlernen, es tut ihm leid.

Scheiße. Jetzt hängen wir hier immer noch in dem verdammten Regen, es ist dunkel, mir ist kalt, mit Zelten ist mitten in der Stadt ja wohl auch nichts und es scheint allen egal zu sein.

»Kein Problem, trotzdem voll nett von dir, wir finden schon was, alles entspannt«, sagen wir Marvin, bis zum Marve werden wir wohl nicht mehr kommen.

Dann wuchten wir unsere Rucksäcke wieder hoch, der Regen trommelt auf meine Kapuze, das Laternenlicht reflektiert auf dem nassen Kopfsteinpflaster.

Im Pub sind wir fast die Einzigen. Wir setzen uns an den Tresen. »Zwei Bier, bitte.« Der Barkeeper sortiert klirrend Gläser und Flaschen weg, direkt vor uns, ich habe schon das Gefühl, ihn anzustarren, aber er blickt kein einziges Mal hoch, nachdem er uns das Bier hingestellt hat. Er hat lange, dunkle Haare, seine Arme sind tätowiert. Ich bilde mir ein, so Typen wie ihn zu kennen. Typen, die gefährlich aussehen, nach Metal-Musik und Schlägerei, eigentlich aber die Liebsten überhaupt sind. Nach einem halben Glas Bier überwinde ich mich, ihn anzusprechen. Seine Miene verhärtet sich.

»Draußen zu schlafen ist viel zu gefährlich«, sagt er. »Wegen dem Pack, was da rumhängt.«

Mein Magen zieht sich zusammen, doch nicht so lieb.

»Welches Pack?«, frage ich, obwohl mir längst klar ist, worauf er hinauswill.

»Ich sag nur Eritreer. Ich sag nur Syrer. Ich sag nur Rumänen.« Die würden die Mädchen immer so angucken und die würden klauen, nicht nur hier in Husum, auch in Flensburg. Er empfiehlt uns, nur in Schichten zu schlafen. Das muss man sich mal auf der Zunge zergehen lassen, dieser Baum von einem Mann hat wirklich Angst vorm schwarzen Mann, und würde uns das gerade nicht so wahnsinnig absurd vorkommen, wäre es nur traurig. Einer habe in der Bar mal Ärger gemacht, den habe er dann »auseinandergenommen«.

»Den hätte ich mal lieber ganz fertiggemacht und ins Hafenbecken geworfen.« Ich schlucke eine bissige Erwiderung runter, dann verzieht er sich an den Spielautomaten in der Ecke, drückt stumm die Tasten, der Blick leer. Ich bin wütend über seinen idiotischen Rassismus, und zumindest das hat sein Gutes, denn die Wut gibt mir neue Energie.

Wir stehen auf und gehen raus aus dem Pub, raus aus dieser Stadt, in der es keinen Ort für uns zu geben scheint. Ein junger Krabbenfischer, den wir im Hafen treffen, empfiehlt uns den Badestrand an der Küste, knapp zweieinhalb Kilometer von hier. Wir trotten weiter, wortlos, die Füße fangen an zu schmerzen, dann der Rücken, Müdigkeit, es ist weit nach Mitternacht. Links riesige Getreidesilos, rechts schwarze Weiden, in mir steigt Verzweiflung auf, mein Hals schnürt sich zu, ich will nicht mehr.

So ist das wohl bei Aufbrüchen ins Ungewisse: Seien sie noch so mutig, es besteht immer die Möglichkeit, dass mal was schiefgeht.

Die Ungewissheit ist ja nicht deshalb reizvoll, weil man vorher ganz genau weiß, dass es immer gut ausgeht, sondern weil es diesen Kitzel gibt, diese reelle Chance, dass es einfach mal nicht klappt. Am schönsten ist dieser Kitzel, wenn man es dann doch schafft und bei sich denken kann: Mann, das hätte auch schiefgehen können, was habe ich für ein Glück. Aber uns musste natürlich klar sein, dass eine Glückssträhne nicht ewig halten kann. Abenteuer erfordern Frustrationstoleranz und die Bereitschaft zum Scheitern. Das Leben ist kein endloses kitschiges Hollywood-Happy-End, sondern manchmal auch graues deutsches Kino, da bleibt eine Liebe schon mal unerwidert, da wird der Held eben nicht wieder gesund und da finden wir auch mal keinen Schlafplatz.

Irgendwann gelangen wir durch ein Schafsgatter auf eine Wiese, da ist auch irgendwo das Meer, wir können kaum etwas erkennen. Neben dem einzigen Busch bauen wir unser Zelt auf. Wir fallen in tiefen, traumlosen Schlaf.

Am Morgen hören wir, wie ein Auto neben uns hält. Ein Mann ruft.

»Hallo! Hallo!«

Wir rühren uns nicht. Er fährt weg. Offenbar, um neuen Mut zu sammeln, denn bald darauf hören wir wieder den Motor durch die Zeltmembran.

»Hallo!«

Motorenbrummen.

»Hallo!«

Motorenbrummen. Diesmal will er nicht mehr fahren. Der Motor brummt immer noch.

»Hallo!«

Oh Mann, lass uns schlafen, lass von mir aus einen Strafzettel oder so da, wegen unerlaubten Kampierens, wir haben ja nicht vor, hier ewig zu bleiben, nur noch ein bisschen schlafen. Aber hör auf mit diesem blöden »Hallo«.

»Hallo!«

»Ja?«, erbarmt sich Roman schließlich mit schlafbelegter Stimme.

»Das Zelten ist hier verbouten!«, ruft der Mann mit nordischem Zungenschlag.

»Ähm, ja«, murmelt Roman.

Der Motor brummt, der Mann erwartet wohl mehr. Was denn noch? Roman öffnet den Reißverschluss, und da steht er, blauer Pullover, Hände in den Hosentaschen, erwartungsvoller Blick. Roman erklärt – es war spät, wir wussten nicht wohin, wir gehen auch jetzt –, der Mann nickt wortlos, steigt in sein Auto und fährt los.

Und dann lassen wir Husum hinter uns. Eine junge Mutter mit drei Kindern im Auto hält an, das Mädchen nimmt ihren jüngsten Bruder auf der Rückbank auf den Schoß. Emil ist vier und lächelt mich neugierig an. Nono, der Älteste, hatte ein Loch im Zahn, deswegen sind sie alle zusammen zum Zahnarzt gefahren und jetzt fahren sie wieder zurück, das hier ist von Star Wars, guck mal, und dann wandern wir nach Peru aus, aber Spanisch lernen will ich nicht.

»Da gibt es so ein Gemeinschaftsprojekt, in Peru«, erklärt die Mutter von vorne, »da bekommt jeder einen Quadratmeter Land zum Selbstanbau«, hinter ihr rechtes Ohr hat sie sich einen grünen Elefanten tätowieren lassen.

Ein Auto später stehen wir am Flensburger Hafen. Bunte, freundliche Hausfassaden, Segelmasten, Sonne. Auf einem großen hölzernen Segelschiff schwebt ein dickliches Mädchen über das Deck, immer im Kreis, mit ausdruckslosem Gesicht. Vermutlich fährt sie auf einem dieser E-Boards, vielleicht aber schwebt sie tatsächlich, wer kann das schon sagen.

Wir waren schon mal hier. Mit ein paar Freunden hatten wir uns das Auto eines Freundes geliehen, für eine Spritztour, und als wir – allesamt zugezogene Hamburger – festgestellt hatten, dass noch niemand von uns in Flensburg gewesen war, fuhren wir eben dahin. Die meiste Zeit verbrachten wir dank einer nie enden wollenden Rubbellos-Glückssträhne an einem Eckkiosk, irgendwann hatten wir wirklich daran geglaubt, die 10 000 Euro absahnen zu können, die Kiosk-Besitzerin war auch schon ganz aufgeregt geworden. Wir finden den Kiosk sogar wieder, aber diesmal reicht es nicht einmal für den Ein-Euro-Gewinn, für den wir ein neues Los bekommen hätten.

Es gibt ja Paare, die können einfach nicht zusammen in den Urlaub fahren. Er will in Schottland wandern, sie will auf Teneriffa braun werden, er will nach Porto, sie nach Lissabon, und dann lächeln sie nur auf den Urlaubsfotos und sonst nie. Wenn Roman und ich eins gut können, dann ist es zusammen wegfahren. Als wir uns erst ein paar Monate kannten, brannten wir gewissermaßen durch, wie man so schön sagt. Ich schwänzte die Uni, er hatte das eh noch nie so genau genommen, wir flogen nach Marokko, packten unsere Klamotten in einen Müllbeutel, der ließ sich am besten in dieses Gestell quetschen, mit dem die Fluggesellschaften prüfen, ob das Handgepäck nicht zu groß ist. Er hob mich in der Wüste wieder auf, als die Hitze mich zu einem kreislaufschwachen Häufchen Elend zerdrückt hatte, ich übersetzte für ihn eher radebrechend ins Französische, wenn mit Englisch nichts zu machen war – das lief gut. Und so sind wir uns an diesem sonnigen Nachmittag im Flensburger Hafen auch ziemlich einig, dass jetzt der richtige Zeitpunkt für das erste Bier ist.

Wir sehen uns nach Leuten um, bei denen wir Anschluss finden könnten. Wir entwickeln mit der Zeit fast einen analytischen Blick dafür – zu streng, zu skeptisch, könnte passen, aber zu eilig. Ah, dieses Hippie-Pärchen im mittleren Alter scheint sich geradezu aufzudrängen, aber die Art, mit der sie sich umsehen, sagt uns, dass sie auch nicht von hier kommen. Roman spricht zwei an, die ungefähr nach unserem Alter aussehen, wahrscheinlich Studenten. Sie hat braune lange Haare, braune Augen, eine bunte Hüfttasche, er trägt die mittellangen Haare zum Zopf und einen weinroten Kapuzenpulli. Sie heißt

Rebekka, bietet uns ohne großes Zögern einen Schlafplatz in ihrer WG an und gibt uns ihre Handynummer. Bis später vielleicht.

Von jetzt an ist alles leicht. Das schlechte Husum-Gefühl fällt von mir ab, ich fühle mich unbeschwert, trotz immer noch schwerem Rucksack.

In einem Hinterhof geraten wir in eine Bierrunde und lassen uns zuerst auf Frankfurter Pilsator und dann auf dänisches Dosenbier einladen. Letzteres dürfen eigentlich nur Leute mit skandinavischem Pass kaufen, aber es gebe Läden an der Grenze, da würden nicht allzu viele Fragen gestellt. Wir lernen tatsächlich jemanden kennen, der beim Kraftfahrtbundesamt für die Punktesammelei zuständig ist, eine Flensburger Berühmtheit sozusagen, der alte Nachbar in der bunten Ballonseidenjacke schaut mit seinem kaputten DVD-Player vorbei, dann kommt der Mitbewohner vom Rudern heim, zwei andere brechen auf, erst zum Würmersammeln, dann zum Angeln.

Als wir etwas bierselig an Rebekkas Tür klingeln, ist es schon spät, aber in Flensburg kann ja zum Glück nichts schiefgehen. Vor dem Schlafengehen bekommen wir frisch aufgebrühten Ingwertee, wir dürfen in dem Zimmer ganz am Ende des Flurs schlafen, in dem Gitarren an der Wand hängen und Fantasy-Bücher im Regal stehen. Leider gibt es darin kein Bett, aber immerhin ist es die erste Nacht ohne Zelt seit unserem Aufbruch vor einer Woche. Der Schlafsack auf der Luftmatratze und die Luftmatratze auf dem Holzboden machen ein irrsinniges Geräusch, wenn ich mich drehe, und so versuche ich, weitestgehend reglos einzuschlafen.

Am nächsten Tag kommen wir in den Genuss eines Lebens in einer richtigen Wohnung. Für die Dusche erhalten wir eigene Handtücher, was mich sehr freut, denn mal ehrlich: Diese superleichten und superklein zusammenfaltbaren Reisehandtücher sind zwar sehr praktisch, weil sie eben superleicht und superklein sind, gegen ein richtiges Frotteehandtuch werden sie aber immer verlieren. Im Bad hängt eine Ideensammlung mit Verschönerungsideen für den Raum, genau auf der Höhe, auf der sich der Kopf befindet, wenn man auf dem Klo sitzt, da hat man ja Zeit zum Nachdenken. Ich gleiche die Ideen mit der Umgebung ab, und tatsächlich, das Regalbrett mit den Schraubhaken an der Unterseite hat es von dem Zettel in die Realität geschafft, die Stoffbahnen unter der Decke aber nicht. Im Flur hängt eine Menge hölzerner Rundschilde an der Wand, wie sie wahrscheinlich von Wikingern benutzt wurden. In der Küche steht das obligatorische WG-Küchensofa, nicht unbedingt schön, aber gemütlich.

Es müssen jetzt auch alle los, Uni und so, Rebekka und ihr Mitbewohner Michael malen uns den Weg dorthin auf die ausgerissene Seite eines College-Blocks. Später wollen wir die beiden an der Uni besuchen, da würden sie heute nämlich Salat verteilen aus dem Gemeinschaftsgarten.

Als wir dort ankommen, essen sie den Salat gerade, vorkosten sozusagen. Der Garten ist ein kleiner bunter Fleck inmitten kurz gemähter Wiesen – Radieschen, Kräuter, Kartoffeln, Beeren, Möhren, Zucchini, Spinat, Kürbis, Bohnen, Erdbeeren. Weil kein Zaun da ist, mäandert er auch ein bisschen auf die andere Seite des Fußwegs, der an dem Garten entlangläuft. der Blick geht auf die nüchtern graue Fassade des Uni-Gebäudes. Das hier ist kein Ort zum Träumen, das hier ist ein Ort der Regelstudienzeit. Bachelor, Master. »Was soll denn dieses Grünzeug da?«, hätten sich sogar die Kollegen aus der Biologie echauffiert, nur die aus der Kunst, die fänden das gut. Seit vier Jahren schon verteidigen Rebekka und die anderen ihr kleines Fleckchen Buntheit gegen den universitären Starrsinn.

»Dass wir hier sind, ist ein politischer Akt«, sagt sie.

Michael – Micha – ist seit dem ersten Spatenstich dabei. Eigentlich studiert er Sport und Kunst, nur gerade, da hat er keinen Bock mehr. Jetzt im Sommer ist er die meiste Zeit barfuß unterwegs, er meint, Schuhe seien schlecht für seine Füße. Seine blonden krausen Haare hat er zu einem Zopf gebunden, er ist derjenige, zu dem die Wikingerschilde im Wohnungsflur der WG gehören.

»Ich praktiziere experimentelle Archäologie«, sagt er und grinst.

Damit meint er, dass er selbst manchmal ein Wikinger ist. So historisch korrekt wie möglich fertigt er sich dafür seine Ausstattung, selbst genähte, pflanzengefärbte Kleidung mit dem richtigen Stich an den Nähten, und kauft sich Schilde, Speere, Äxte. Er hat sich eine slawische und eine dänische Arbeits- und Kampfausstattung zusammengestellt, basierend auf archäologischen Fundberichten, epochengetreu.

»Damit kann ich einen relativ großen Teil des Frühmittelalters abdecken, wenn ich bestimmte Gegenstände austausche.«

Wikingerfilme kann er sich jetzt nicht mehr anschauen, da ist ja alles falsch. Aber Wikingermärkte und Rollenspiele, das geht gut, da nehmen es nämlich die meisten ebenso genau wie er. Bei diesen Treffen habe er auch schon so gut wie jedes Handwerk durchprobiert – Häuser bauen, nähen, alles kein Problem mehr. Und kämpfen, immer wieder kämpfen. Er hat schon bei Schlachten mit mehr als vierhundert Darstellern mitgemacht, später zu Hause zeigt er uns ein Video, da rast er über ein Stoppelfeld, barfuß natürlich, die Kavallerie schließt auf, die Bogenschützen machen sich bereit, Schilde ächzen unter Axthieben. In die Wikinger-Parallelwelt ist er hineingeraten durch die Metal-Musikszene, nun kennt er Leute auf der ganzen Welt, überall wohnt irgendwo ein Wikinger. Er betrachtet das als einen seiner »Räume«, in denen er sein kann, wie er will. Noch so ein Raum ist der zeitgenössische Tanz, ich gehe mit zu seiner Stunde, denn mit seiner Wikinger-Begeisterung kann ich wenig anfangen, mit Tanz aber viel.

»Ich tanze gern, weil das Ausdruck ist, weil das ich bin«, sagt Micha.

Und so drücken wir uns rollend, springend, drehend in dem Tanzraum eines Fitness-Studios aus.

In der WG hat Roman schon gekocht, Rebekka öffnet eine Flasche selbst gemachten Holunderblütensekt, zum Verdauen dann den Holunderlikör, und ich merke, dass es jetzt gut so weitergehen könnte.

Geht es aber nicht, denn dafür sind wir dann doch zu ungeduldig. Die dänische Grenze ist quasi schon in Spuckweite, da wollen wir endlich mal hin. Erneut müssen wir von einem Ort aufbrechen, an dem wir gerne noch geblieben wären.

Das hier ist nicht nur eine Reise der vielen Begegnungen, es ist auch eine Reise der vielen Abschiede.

Wieder malt Michael uns einen Plan auf eine College-Block-Seite, die Straße runter, nach links, immer geradeaus, durch das steinerne Tor, an dem asiatischen Supermarkt vorbei, bei dem Kiosk rechts rein bis zum Wasser. Wir laufen an der Küste entlang, auch dieser Tag ist heiß, am Strand ist viel los, es riecht nach gegrilltem Fleisch und Sonnencreme.

Festlanddänischer Wikinger, mit Einhandspeer und Schild: Michael.

Nach einer Weile kommt schließlich die Grenze in Sicht, eine unscheinbare kleine Holzbrücke, ein Pärchen überholt uns mit Fahrrädern, ein beinahe verzweifelt hechelnder Boxer an der Leine, ein bisschen spektakulärer hatte ich mir das schon vorgestellt.

Es ist gar nicht so lange her, dass dieser Trampelpfad streng bewacht wurde. Irgendwann fallen uns die Piktogramme am Wegesrand auf, ein kleiner blauer Gendarm mit großem Ausfallschritt, vier Jackenknöpfe, ein weißer Gürtel. Und weil der uns gefällt, bleiben wir fortan in seiner Nähe. Er markiert den *Gendarmstien*, einen Pfad, auf dem die dänische Grenzgendarmerie zwischen 1920 und 1958 die dänisch-deutsche Grenze bewachte.

Dass die hier verläuft, hat noch mit dem Deutsch-Dänischen Krieg von 1864 zu tun, den Dänemark verlor und deswegen das Herzogtum Schleswig an Preußen und Österreich abgeben musste. Es sollte eigentlich eine Volksabstimmung geben, bei der die Bewohner selbst entscheiden sollten, zu welchem Land sie gehören möchten, aber die ließ Bismarck elegant unter den Tisch fallen. Erst nach dem Ersten Weltkrieg durften sie wählen und entschieden sich für diese Grenze. Und jetzt laufen Leute wie wir hier lang und keine Gendarmen mehr, denn nach 1958 übernahm die dänische Polizei, und die macht das lieber mit dem Auto.

Auf einer der Karten am Wegesrand machen wir einen Biwakplatz aus – man zahlt nichts, man bekommt nichts, aber man wird auch nicht weggeschickt. Wie um uns zu versichern, dass es die richtige Entscheidung ist, keine echten Campingplätze auf unserer Reise zu nutzen, führt uns der Weg über einen solchen, mit Rezeption, Hüpfkissen für die Kinder, Wohnmobilen mit davor mehrlagig ausgebreiteten Bodenplanen, alles dicht an dicht. Vor einem großen Zelt sitzt ein grauhaariges Paar beim Abendessen, mit Rotweingläsern auf dem Klapptisch, direkt daneben lädt jemand sein Auto ein, sie tun so, als würde es das alles um sie herum gar nicht geben. Alle verhalten sich exakt wie zu Hause, leben nebeneinander her, ihre Welten getrennt durch die Stellplatzgrenzen. Der Anblick beklemmt mich. Ich denke mir, was für eine schlechte Entscheidung all diese Leute getroffen haben, im Vergleich zu uns, die wir gleich einen Platz im Grünen ganz für uns haben würden.

So einen einsamen Platz im Wald sollte man eigentlich nicht durch seine Geräusche orten können, denn er macht ja keine. Dieser Platz aber schreit, plappert und plärrt. Als wir um die Ecke des kleinen Pfades biegen, der dorthin führt, prallen wir beinahe zurück. Der Platz ist voll, wirklich voll mit kleinen Pfadfindern, die mit ihren gestreiften Halstüchern herumrennen, sich gegenseitig schubsen oder in der Essensschlange anstehen. Und wie um dieses absurde Schauspiel noch zu überhöhen, sprechen sie *Lëtzebuergesch* – Luxemburgisch. Folglich haben ihre Gruppen, es sind zwei, auch luxemburgische Namen: Die *Stengeforter Deckelsmouken* (Schildkröten) und die *Caper Piwitschen* (Kiebitze). Mitten in diesem Getümmel, gleich neben den großen Plastikspülwannen, bauen wir unser Zelt auf und kochen uns indisches Fertig-Curry auf unserem Campingkocher, gemütlich ist anders.

Später am Abend laden uns die Schildkröten und Kiebitze auf einen Nachtisch ein, Banane mit Schokolade – Banane der Länge nach aufschlitzen, Schokolade reindrücken, Alufolie drumwickeln, in die Glut vom Lagerfeuer damit, circa fünf bis zehn Minuten warten, fertig.
Wir sind ein wenig desillusioniert, irgendwie hatten wir uns Pfadfinder immer anders vorgestellt, Fährten lesend, Tierstimmen lauschend, mit der Gitarre am Lagerfeuer, irgendwie mit weniger Plastik und ganz bestimmt ohne Musikbox. In der Nacht wälzt sich ein Gewitter über uns, die Pfadfinder-Kinder schlafen unter aufgespannten Planen, ein paar der älteren hatten es sich aber nicht nehmen lassen, unter freiem Himmel zu schlafen, trotz Warnungen der Wetter-Apps auf ihren Smartphones, ich höre ihre aufgescheuchten Stimmen in der Nacht.

Ich konnte mir nicht vorstellen, wie all das Zeug auf dem Platz wieder verschwinden kann, aber als die Luxemburger am nächsten Morgen zur Wanderung aufbrechen, ist tatsächlich alles weg. Ihr Aufbruchs-Soundtrack schrebbelt aus der Box – Rammstein, »Sonne«: »Alle warten auf das Licht. Fürchtet euch, fürchtet euch nicht.«
Und wir, wir lauschen noch ein wenig der morgendlichen Ruhe und genießen die Sonnenstrahlen, die nun durch die Baumkronen fallen. Dann stolpern wir an der Küstenstraße in eine, nein, die dänische Attraktion. Hot Dogs, und zwar die ungekrönt besten überhaupt. »Annies Kiosk« ist so etwas wie der Eiffelturm Süddänemarks, wer da nicht hingegangen ist, der hätte genauso gut gleich ganz zu Hause bleiben können. Er war schon Bestandteil mehrerer

Nerdig und nordisch: Michael und Maria.

Fernsehdokumentationen, Zeitungsartikel und Reiseführer, wegen ihm nennen Kenner seinen Heimatort nicht mehr Sønderhav, sondern Hot Dog Havn, selbst Angela Merkel soll sich hier schon eine Wurst im Brötchen genehmigt haben. Obwohl wir einen Bogen um solche Attraktionen machen wollten, stehen wir nun also mehr oder weniger aus Versehen in der Schlange, Hot Dog für Roman, Pommes für mich, danach Softeis für beide.

Badestrand, Sonnenbrandfüße, Nacktschnecken, Schmetterlinge, Grillen, Hagebuttensträucher, das Restaurant, in dem Siegfried Lenz gerne geschrieben haben soll, Getreidefelder, ein Leuchtturm. Weiter, immer weiterlaufen. Uns ist heiß, an jeder öffentlichen Toilette, von denen es hier glücklicherweise einige gibt, füllen wir unsere Wasserflaschen auf. Wir fühlen uns eher wie in Südeuropa als in Dänemark, so warm ist es und so schön glitzert das Meer. Und so anstrengend ist es auch, über Sand zu laufen. Wo wollen wir denn eigentlich hin? Immer weiter irgendwie, aber wie lange denn noch? Wenn man kein Ziel hat, ist das Ende manchmal schwer zu bestimmen, und gerade laufen wir Gefahr, es zu verpassen. Könnte ja noch was Besseres kommen, wer weiß?

Es dämmert schon, als ein Fahrradfahrer in kurzärmligem, blau kariertem Hemd am Rande des Örtchens Gråsten neben uns hält.
»*Everything alright?*«, fragt er.
Joa.
»*Do you have a tent? I live here, you can camp in my garden*«, sagt er. Wir willigen sofort ein.
Auf dem Weg zu seinem Haus wechseln wir ins Deutsche, das würden hier alle lernen. Er hat eine hohe Stirn und hohe Wangenknochen, er sieht aus wie jemand, der sich viel bewegt, er ist uns sofort sympathisch. Wir sind immer noch etwas perplex, »ihr saht einfach aus, als könntet ihr Hilfe gebrauchen«, sagt er. Im Vorgarten sitzt seine Freundin, Maria, rosa-weiß geblümtes Kleid, blonder Zopf, »wir haben Besuch!«, ruft er ihr zu. Sie lächelt. Wir sind beeindruckt. Keine Verwunderung, kein Hauch von Irritation, einfach ein Lächeln, schön, dass ihr da seid.
Sie bieten uns sogar sehr schnell das Gästezimmer an, wir dürfen duschen, sie geben uns eigene Handtücher. Habt ihr gegessen? Wir dürfen die Küche benutzen – Induktionsherd, alte Blumenzeichnungen an der Wand, Emaille-

geschirr im Regal –, sie sitzen schon mal draußen. Weißwein dazu? Oder etwas Wasser mit selbst gemachtem Holunderblütensirup? Sie bieten uns das alles mit einer solchen Selbstverständlichkeit an, als wäre es keine große Sache, sie sind wahnsinnig entspannt. Gerade haben sie noch Ferien, sie sind beide Lehrer, Naturwissenschaften.

»Wir sind ein bisschen nerdig, sagt man das so?«, sagt Michael. »Nerdig und nordisch.« Maria lächelt.

Meine Naturwissenschaftslehrer hätten sicher nicht zwei fremde Leute einfach so bei sich aufgenommen. Sie entsprachen größtenteils dem Lehrer-Klischee, trugen also sonderbare Kleidung – ich erinnere mich an Lederwesten und ausgebeulte Strickpullover mit geometrischen Mustern –, verstanden eher wenig Spaß und teilten die Welt gerne in das Periodensystem der Elemente ein. Michael und Maria müssen ziemlich coole Lehrer sein.

Später im Bett denke ich an die Geschichte, die Maria von diesem Haus erzählte. Früher war es mal zweigeteilt, zwei Brüder wohnten Seite an Seite darin. Sie waren Gendarmen, ebenjene, die an der Grenze patrouillierten. Letztes Jahr, da habe eine alte Dame vor der Tür gestanden, die als Kind in dem Haus gewohnt habe. Maria und Michael zeigten ihr ein altes Foto, das sie auf dem Dachboden gefunden hatten, darauf der Vater der Dame, sie schenkten es ihr. Wie viele Kilometer ihr Vater hier wohl laufen musste? Wie viele wir wohl noch laufen werden? Diese Nacht ist es uns egal, wir liegen im Gästebett der entspanntesten Leute überhaupt, im ersten Bett seit zehn Tagen. Diese Nacht läuft nur noch einer, es ist der kleine Hamster im Flur in seinem Rad.

ES LIEGT EIN LIEBLICH LAND

Kapitel 3 // *Faaborg – Lyø*

Entschuldigen Sie, wir mögen vielleicht etwas wüst aussehen, bitte erschrecken Sie nicht, das macht das viele Draußensein und der seltene Blick in einen Spiegel. Das daraus resultierende, nennen wir es ›leicht verwilderte‹, Erscheinungsbild lenkt vielleicht etwas ab von unserem freundlichen Gemüt. Ja, sehr nett sind wir, so wie Sie ja sicher auch, und daher fragten wir uns, ob wir nicht bei Ihnen unterkommen könnten, für ein bis zwei Nächte vielleicht, so genau weiß man das ja nie, ach und dann könnten wir sicher auch Ihre Dusche benutzen?«

Uns ist klar, was wir wollen, was wir brauchen; aber wie wir danach fragen, das ist uns nicht so klar.

Übertrieben nett, wie diese Leute in der Fußgängerzone, die einen eigentlich nur dazu bringen wollen, für Biber oder afrikanische Kinder zu spenden, aber mit einem ganz unverfänglichen »Na, wie geht's uns denn heute?« oder »Sie sehen so aus, als hätten Sie eine Sekunde für mich Zeit‹ beginnen? Meinen Bruder haben sie so gekriegt, jahrelang spendete er für den Sibirischen Tiger, obwohl er zu der Zeit noch nicht mal wusste, wie er sich selbst über Wasser halten sollte. Auf diese Art möchte ich bestimmt niemanden ansprechen. Gleich zur Sache kommen will ich aber auch nicht, Pistole auf die Brust und mitsamt der Tür ins Haus fallen quasi, das käme mir dann doch etwas über-fallartig vor. Wir brauchen einen Grund für ein Gespräch – und ein bisschen Geschwätzigkeit. Das gegenseitige Vertrauen wächst exponentiell zur Ge-sprächszeit: eine Minute – so, ich muss dann auch mal weiter; fünf Minuten – mmh, ich weiß nicht; zehn Minuten – och, eigentlich ganz nett, die beiden; dreißig Minuten – *best friends forever*. Trampen eignet sich da perfekt. Man sitzt eine Weile zusammen auf engstem Raum, und wenn man kein Freund von peinlicher Stille ist, dann redet man, und zwar meistens über sich, warum man hier ist, wo man hinwill, und Sie so? Perfekt.

Oder auf der Fähre, da hatten wir auf dem Weg nach Faaborg zuletzt Perle und Wolf kennengelernt, ein – man kann es nicht anders sagen – rüstiges Rent-nerpaar, ehemals Sportlehrer in der DDR, achtzig und fünfundachtzig Jahre alt. Wir hatten uns über unsere Karte gebeugt und sie dann auch, am anderen Ufer saßen wir schon alle zusammen in ihrem Auto.

Aber was macht man auf dem platten Land, ohne Auto, ohne Fähre?

Man findet eine Socke. Eine blau-grau geringelte Baby-Socke. Roman entdeckt sie, hebt sie auf, und da fährt gerade ein Auto in die Kieseinfahrt eines großen gelben Hauses mit hübschen Blumen und Apfelbäumen davor. Daraus steigt ein großer, hagerer Mann mit kurzen, grauen Locken, langes Gesicht, breiter Mund. Er läuft in den Garten und wir hinterher, mit der Socke, dem großen Mann wird sie wohl nicht gehören, aber vielleicht wohnt hier ja auch ein Baby. Als wir ihn fragen und er uns ratlos anschaut, kommt eine blasse junge Frau in einem flattrigen kurzen Overall herbeigeeilt, die Socke gehöre ihrem Sohn. Sie stellt sich als die Tochter des hageren Mannes vor, eigentlich lebe sie in Kopenhagen, nun sei sie gerade mit Mann und Kind zu Besuch auf dem Land. Ihr Vater heißt Søren, und der kommt jetzt ins Reden. Er habe auch mal in Kopenhagen gewohnt, mittendrin, bis er das Gefühl gehabt habe, dort keine Luft mehr zu kriegen. Er liebe das Land, ganz besonders Fünen, »aber hier ist nichts mehr, alle gehen in die Städte wegen der Jobs«.

»Bevor ihr weiterzieht, müsst ihr unbedingt noch zum Strand«, sagt er. Quasi das komplette Land zwischen dem Wasser und diesem Haus hier gehöre ihm. Er habe es dem neunzigjährigen Bauern abgekauft, der zuletzt allein in dem Haus dort gewohnt habe. Knut mit den großen Händen. Der habe so große Hände gehabt, dass seine Tochter manchmal Freundinnen eingeladen habe, mit ihnen rüber zu Knut gelaufen sei und den staunenden Mädchen die riesigen Pranken gezeigt habe. Eine Attraktion sei das gewesen. Früher sei er, Søren, oft zu Knut und seiner Frau rübergegangen in das alte Bauernhaus, zu Kaffee und Kuchen. Als die Frau gestorben war, backte niemand mehr Kuchen, da tranken sie Cognac. Und jetzt, wo auch Knut tot ist, gehört ihm das Haus.

»Wartet hier«, er verschwindet eine Weile im Haus. Wir warten, setzen unsere immer schwerer gewordenen Rucksäcke ab, dann bleiben wir etwas unschlüssig in der Auffahrt stehen. Merkwürdig, nun sind wir Leute die man erst mal auf Abstand hält, schwer einzuschätzende Landstreicher, vor denen man vielleicht das Kind schützen müsste. Im Angesicht dieser perfekten sommerhellen Familienidylle sehe ich den Schmutz an uns mit ihren Augen, wir kommen mir selbst etwas windig vor, wie wir hier einfach so reingeplatzt sind.

»Ah, kommt rein und seht euch um«, sagt Søren plötzlich, als er wieder in der Tür auftaucht, und wir folgen ihm. Wir stehen nicht wie vermutet in seinem Zuhause, das ist nebenan, sondern in seiner Firma, die stellt Laborrattenkäfige her. Und die will er uns jetzt zeigen. Richtige Käfiggitter gibt es an denen kaum, in einem großen silbernen Schrank auf Rollen mit Glastüren vorne stehen sechs Plastikwannen, da leben die Ratten dann drin. Die Käfige hat Søren mit allerlei Messgeräten ausgestattet, das Einzige, das ich zweifelsfrei verstehe, ist eine Waage. Mit diesen Rattenschränken testet die Pharmaindustrie zum Beispiel Diabetesmittel, bei einem anderen Versuch ging es um Verhaltensforschung mit Schmerz, das will ich lieber gar nicht so genau wissen. Im oberen Stockwerk stellen seine Mitarbeiter die elektronischen Komponenten her, überall liegen Platinen, Kabel und Werkzeuge. Warum ist denn keiner da? Ah, Samstag, die Wochentage entgleiten uns allmählich.

Wo wir schon mal beim Herumzeigen sind, machen wir gleich beim Bauernhaus weiter. Auch da stehen ein paar Laborrattenkäfige rum, in dem alten Stall, was eine unangenehme Horrorfilmassoziation in mir hervorruft. Also schnell wieder raus, auf den sonnenbeschienenen Hof, ins Wohnhaus. Das nutzen Søren und seine Familie als Abstellraum, Kisten mit der Aufschrift »baby clothes«, Matratzen, Tische, Körbe, Lampen, Stühle, Bilder und jede Menge alte Radios und Hifi-Anlagen – er sammle die nicht, er schmeiße nur nichts weg – werden unter den niedrigen Decken nach und nach von Spinnen eingewebt. Es riecht muffig und über allem liegt diese gedämpfte Stille, die man in verlassenen Häusern beinahe körperlich spüren kann.

Wir dürfen hierbleiben, wenn wir wollen, und ab da fühlt es sich wie Urlaub an. Die Landschaft ringsum ist von zurückhaltender Schönheit. »Es liegt ein lieblich Land im Schatten breiter Buchen am salz'gen Ostseestrand«, heißt es in der dänischen Nationalhymne. Wir verstauen unser Gepäck in unserem neuen Haus, laufen runter zum Strand und legen uns faul in die Sonne. Das Wasser müssen wir uns mit einer Horde Quallen teilen, es kann unsere gute Laune nicht schmälern. Wir trampen die wenigen Kilometer zum Supermarkt, alles überhaupt kein Problem hier, zurück fahren wir mit einem Busfahrer in seinem Privatwagen – »Ich bin Busfahrer, aber ich werde euch die Fahrt nicht berechnen«, scherzt er.

Im Bauernhaus richtet Roman unser Schlaflager inmitten der Radios und Hifi-Anlagen ein, irgendwo findet er sogar noch eine Lampe, der Strom ist zum Glück nicht abgestellt. Ich koche uns Nudeln mit Pesto, Tomaten und Parmesan, dazu gibt es Salat, im Dunkeln schwankt das Gefühl zwischen gruselig und gemütlich.

Auch am nächsten Tag denkt der dänische Hochsommer gar nicht daran, wieder aufzuhören, und weil grad alles so gut läuft, wundert es uns auch nicht mehr, dass dieser unverschämt gut aussehende Oldtimer rechts ranfährt, als wir ihm unsere Daumen entgegenstrecken. Genauer gesagt ist es ein Austin Allegro von 1975 in gedecktem Hellgrün, sein Fahrer spricht weder Deutsch noch Englisch, ist aber sehr nett. Wir fahren mit ihm nach Ulbølle, dort wollen wir einen Imker besuchen, den wir vor einigen Tagen beim Trampen kennengelernt haben. Er hatte sich damals mit einer Handhupe von uns verabschiedet, spätestens da war uns klar gewesen, dass wir uns wiedersehen müssen.

Wir finden seinen kleinen Verkaufsstand an der Straße, »kantareller« und »forårshonning fra Ulbølle«, Pfifferlinge und Frühlingshonig aus Ulbølle. Das alte Fachwerkhaus und das Grundstück dahinter sehen ziemlich durcheinander aus. Überall stehen und liegen Paletten, Werkzeuge, Eimer, Stühle, Wathosen, eine Katzentransportbox, Styroporkästen, Gießkannen, dazwischen streunen Katzen umher, zwei ganz kleine und ein paar größere. Das Reetdach des Hauses ist halb erneuert, manche Fenster gibt es, manche nicht, eines wurde augenscheinlich durch eine halbe Tür ersetzt, eine Glastür lehnt an der Wand, es ist schwer auszumachen, wo das Haus aufhört und das herumstehende Material anfängt. Der Imker, Martin, ist noch nicht da; als er kommt,

Kleines Bauernhaus, großer Mann: Søren.

bringt er seinen Freund Larsbo in blauer Latzhose mit, wir setzen uns zusammen auf ein paar wacklige Hocker und Stühle. Wenig später kommt ein weiterer Freund mit einem olivfarbenen Fischerhut auf dem Kopf, er inszeniert seinen Auftritt, er genießt es, das merkt man gleich.

»The people of Fynen have it high to heaven«, sagt er mit einer ausladenden Armbewegung. Ich weiß nicht genau, was er damit meint, aber es gefällt mir. Arne heiße er, reicht die Hand, grinst schelmisch, seine Augen verengen sich dabei zu dünnen Schlitzen. Es ist elf Uhr morgens, Martin verteilt die erste Runde Bier, Albani Odense, es schmeckt malzig.

Irgendwie ist schnell klar, dass wir hierbleiben. Martin, zweiundfünfzig, hat diese wahnsinnig angenehme ruhige Art, wir haben sofort ein gutes Gefühl. Und sein Grundstück wirkt wie eine kleine freie Insel inmitten der anderen, im Vergleich fahlen grauen Häuser. Wir reden über alles Mögliche, da kommt Martin auf Willi zu sprechen, seinen Vater, der vor zwei Jahren gestorben ist. Er verschwindet nach drinnen und kehrt wenig später mit einem riesigen Bild zurück, vielleicht einen halben mal einen Meter groß, darauf ein grinsender bärtiger Mann vor einer roten Holzwand, neben ihm hängt ein dicker Lachs an der Waage, 15,3 Kilogramm. Das Foto sei bei Trondheim aufgenommen worden, da seien sie jedes Jahr zum Angeln hingefahren. Willis letzter Wunsch sei es gewesen, dass seine Asche dort in einen Fluss geworfen würde, zu den Fischen. Also fuhr Martin mit seinen zwei Brüdern und seinem Neffen hin und zerstreute seinen Vater im norwegischen Wind. Ungefähr auf der Höhe von Willis Knien klebt ein echter Fuchskopf auf dem Bild, vom unteren Bildrand guckt er nach oben, als suche er Willis Aufmerksamkeit. Toter Fuchs auf totem Mann. Warum klebt der denn da? »Keine Ahnung, frag meinen Vater, vielleicht fand er es lustig.«

Eine der Katzen, die schwarz-weiße, schnuppert an dem Bild. Wenig später schleppt sie eine tote Amsel an, die zwei kleinen Kätzchen mit den murmelgroßen Augen tapsen zu ihr und beobachten, wie sie die schwarzen Federn aus dem Vogelleib rupft.

Gegen Mittag geht die hellblaue Tür der Holzhütte gegenüber dem Haus auf, Martins Tochter Frida – kurzes Trägerkleid mit blau-weißem Paisleymuster, stämmig, tiefe Stimme – ist aufgestanden. Das Fachwerkhaus ist so zerpflückt, dass es eigentlich unbewohnbar ist, Martin nutzt darin nur noch die Küche und das Bad. Frida frühstückt erst mal Martins Honig, manchmal esse sie davon ein ganzes Glas am Tag, so lecker sei der. Martin pflückt ein paar Kräuter aus seinem Garten. Zitronenmelisse, thailändischer Basilikum, Oregano, Pfefferminze, Stachelbeeren, Kartoffeln, Tomaten, Gurken, Zwiebeln, die Bienen, die Katzen, Hühner hinterm Haus – das hat er im Griff. Mit den frischen Kräutern gießt er Tee auf, ein Löffel Honig dazu, köstlich.

»Eigentlich war dieses Haus bewohnbar, als er hier einzog. Aber dann fing er an, es auseinanderzunehmen, und baute es nicht wieder zusammen«, erzählt Frida, während ihr Vater in der Küche ist.

»Glaubst du, er wird es irgendwann fertigstellen?«

»Ja, vielleicht in zehn oder zwanzig Jahren.« Sie lacht.

Eigentlich sei er Reetdachdecker gewesen, bis er vom Dach fiel und sein Rücken erst blau-grün-violett und schließlich schwarz wurde. Acht Monate konnte er nicht arbeiten, seitdem ist es nie wieder so ganz geworden. Unglücklich kommt er uns aber nicht vor, er strahlt eine unglaubliche Gelassenheit aus und sagt ständig, dass wir uns schön ausruhen sollen bei ihm. Gemeinsam stopfen wir unsere Wäsche in seine Maschine, dann bringt er Frida nach Odense, wo sie eigentlich wohnt, eine Großstadt etwa fünfzig Kilometer nördlich von hier. Wir sollen uns wie zu Hause fühlen und uns am Essen in der Küche bedienen, vor allem entspannen, er wisse von eigenen Reisen, wie gut das mal tue.

Und während wir so dasitzen, dem Summen der Bienen lauschen und den Katzen beim Spielen zusehen, fühlt sich alles richtig an.

Keine Sekunde denken wir an ein komfortables Hotel, auch nicht an einen Zug, nicht mal an einen Bus. Wir denken auch immer weniger über die Zukunft nach, irgendwas wird wohl sein in den nächsten Tagen, vielleicht finden wir eine Socke, vielleicht spricht uns jemand an, vielleicht schlafen wir am Strand, irgendwie geht es immer weiter, müßig, sich darüber den Kopf zu zerbrechen.

Das laute Knattern eines näher kommenden Motorrads reißt uns aus unserer zenartigen Stimmung, das Motorengeräusch erstirbt, ein großer Mann in schwarzem Pullover und grauer Flecktarnhose kommt in den Garten, und weil Martin gerade nicht da ist, nimmt er eben mit uns vorlieb. Er zieht den Pulli aus, darunter trägt er nur ein weißes Unterhemd, schnörkelige Tattoos

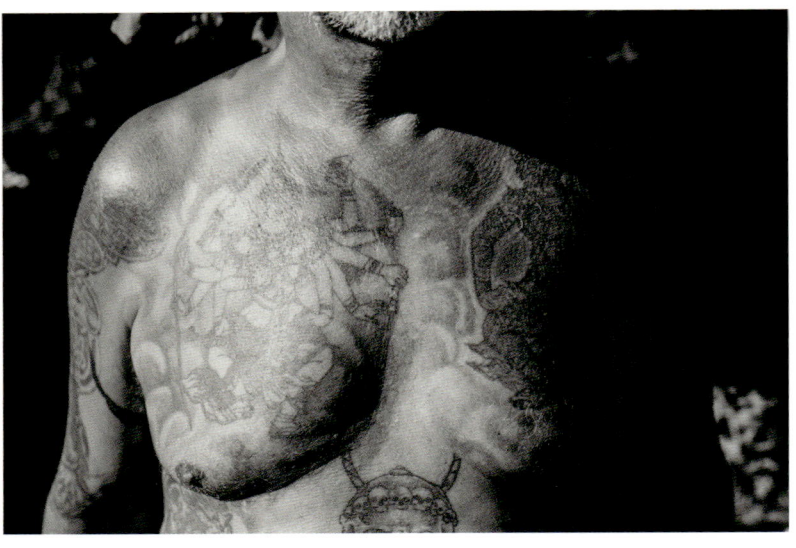

Das alte Haus zu restaurieren ist ein Projekt, das Martin (oben rechts)
vielleicht nie abschließen wird. Seine Freunde Christian (oben links) und
Arne (unten links) kommen trotzdem oder gerade deswegen gerne zu Besuch.

ragen hervor. Wäre da nicht dieses sanfte Lächeln, er sähe beinahe gefährlich aus. Er stellt sich aber als unglaublich geselliger Typ heraus und erzählt uns von den Jahren, in denen er in Thailand gewohnt hat, da habe er die Sprache gelernt, ein Haus gebaut und war sogar mit einer Thailänderin verheiratet, »zum Spaß«. Jetzt ist es ihm da zu touristisch geworden. Zwei Tattoos auf der Brust stammen aus dieser Zeit, sie zeigen die beiden Götter Hanuman, den Affengott, und Tosakan, den Bösen. Ein Mönch habe sie für ihn ausgesucht mit den Worten »Ok, Yin und Yang«.

Um Martin für seine Gastfreundschaft zu danken, harken wir seine Hecken-abschnitte und räumen die völlig chaotische Küche auf. Er freut sich, als er wiederkommt, und sagt, so ordentlich habe er seine Küche noch nie gesehen. Er hat zwei Flundern von Larsbo mitgebracht, der hat ein kleines Fischerboot. Er backt sie auf einem Bett aus Möhren, Kartoffeln, Knoblauch und Zwiebeln, abgedeckt mit Rhabarberblättern, dazu gibt es Salat mit einem Dressing aus Holunderblüten, Zitronen und Knoblauch, das er vor Wochen angesetzt hat. Eigentlich esse ich keinen Fisch, weil es mir widerstrebt, jedwedes Lebewesen zu essen, aber weil Martin so enttäuscht guckt, als ich das sage – und weil es so verdammt lecker duftet –, mache ich eine Ausnahme. Es schmeckt dann auch wirklich wahnsinnig gut, wir essen, bis es dunkel wird. Als wir alle satt und müde sind, bietet Martin uns sein Bett an, er könne in dem Haus seiner Freundin schlafen, die sei gerade nicht da. Über die gesamte Länge der Mat-ratze geht ein Fenster, durch das wir am nächsten Morgen die Bienen summen hören.

Rune, Arnes Sohn, ist es dann, der dafür sorgt, dass unsere Glückssträhne nicht abreißt. Da gebe es diese winzig kleine Insel, gar nicht weit von hier, auf der betreibe sein Onkel, der auch Martin heißt, eine Eisfabrik. Er ruft für uns an, alles klar, wir können kommen. Als wir uns überschwänglich bei ihm bedanken, sagt er: »Ich freue mich, dass ich ein Teil eurer Reise sein kann.« Martin schenkt uns zum Abschied ein Glas Honig, eine Tüte Kirschen, zwei Gurken und ein paar Knoblauchzehen. Wir wissen nicht, wie wir ihm danken sollen. Er lächelt. »Ihr wart mir eine gute Gesellschaft.« Und dann muss alles ganz schnell gehen, Arne und Rune fahren uns zum Fähranleger direkt bis an die Kaimauer, wieder ist es schade zu gehen.

Skarø bedeutet so viel wie »trockenes Land am Rande der Fahrrinne«, auf der kleinen Insel sind ungefähr zwei Handvoll Fachwerkhäuser mit Reetdächern verstreut, dazwischen wiegen sich weite Felder und ein paar Bäume sacht im Wind. Früher lebten hier mal zweihundert Menschen, jetzt sind es noch weithin unsichtbare achtundzwanzig. Martin, seine Frau Britta, ihre litauische Mitarbeiterin Rita, die beiden japanischen Aushilfen Motoki und Masahiro und die beiden Hunde Pil und Cif, braun-weiße, schlappohrige English Springer Spaniels, nehmen uns herzlich bei sich auf. Eis wird das Letzte sein, das wir am Abend essen, und das Erste, wenn wir morgens aufstehen.

Jeden Frühling zieht Martin los, zapft Birkensaft aus den Bäumen und sammelt Seetang am Strand. Birkensaft sei sehr gut für die Zellbildung, und der Seetang funktioniere wie eine Art natürlicher Geschmacksverstärker. Man kann sich diese beiden Zutaten nur schwer in Eis vorstellen, deswegen lässt er uns jetzt mal probieren, drei Kugeln für jeden, das müsse schon sein. In den meisten Fällen kommt mir das Wort »Geschmacksexplosion« überzogen vor, hier nicht. Es ist – wirklich wahr – das leckerste Eis, das ich je gegessen habe. Meine Favoriten: gesalzenes Karamell und Holunder.

»Habt ihr gemerkt, dass zum Beispiel das Erdbeereis stärker nach Erdbeere schmeckt als Erdbeeren selbst?«, fragt Martin und grinst. Sein rundes Gesicht ist ganz rot von der warmen Luft, dem Essen und dem Wein. Wir dürfen im alten Kuhstall schlafen, den sie zum Essraum umfunktioniert haben. Die Stangen mit den schweren Metallketten, an denen früher die Kühe festgebunden wurden, stehen noch da, daneben lange Tischreihen mit blauen Wachstischdecken, ein Hauch von Stall liegt noch immer in der Luft. Wir stellen unser Zelt darin auf, wegen der Mücken, und freuen uns auf Eis zum Frühstück.

Morgens, halb elf auf Skarø. Britta nimmt uns mit in das Gebäude im Gebäude, von außen altes Bauernhaus, von innen moderne Eisfabrik. Alle müssen sich weiße Arbeitskleidung anziehen, auch wir. In der weißen Bombersteppjacke, der ausgestellten, etwas zu kurzen Hose und den ebenfalls zu kleinen Clogs, die sie mir geben, fühle ich mich wie aus den Siebzigern. Stampfend fängt die silberne Eismaschine an, durch einen dicken blauen Schlauch kleine Portionen rosa Erdbeereis auszuspucken. Britta und Rita probieren mit kleinen Plastiklöffeln, dann versinken sie in der Trance der immer gleichen Bewegungen. Britta füllt kleine Pappschalen und die darauf passenden Deckel nach, Rita versenkt Fische aus weißer Schokolade in der Eismasse.

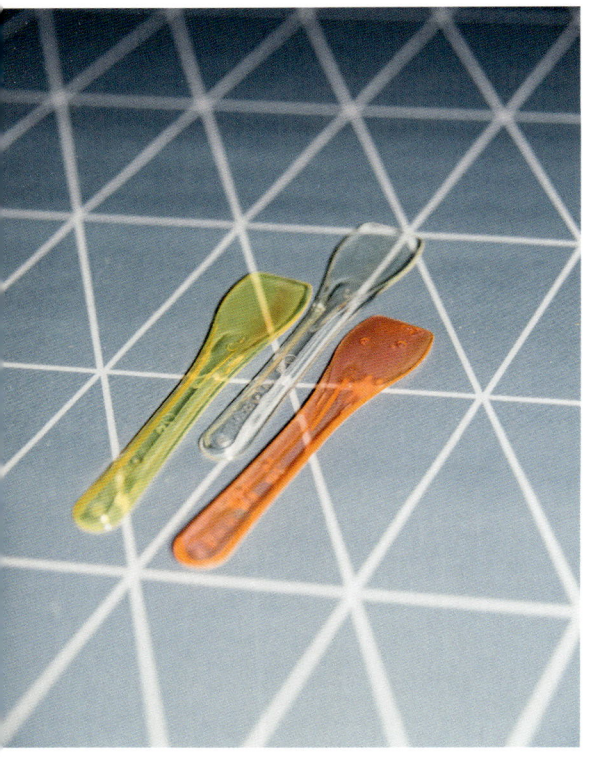

Eine Tonne Eis können die Frauen am Tag in der Eisfabrik auf Skarø produzieren, da geht auch schon mal was daneben. Die Litauerin Rita (links) mag eigentlich gar kein Eis, ihre Chefin Britta aber kann sich ein Leben ohne Eiscreme nicht vorstellen.

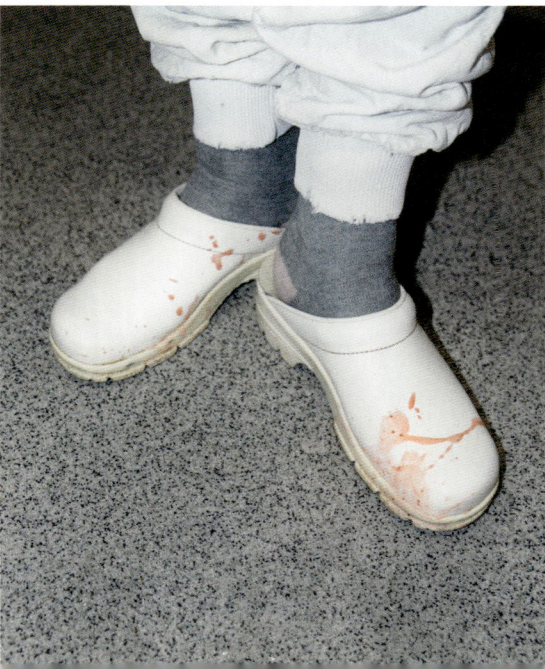

Drei von 34 Kindern, die auf der »Pippilotta« neben Segeln auch Englisch lernen.

Ruck. Schale. Ruck. Eis. Ruck. Fisch. Ruck. Deckel. Ruck. Fließband. Immer im Kreis. Es rappelt. Es zischt. Immer im Kreis. Im Kreis. Kreis. Kreis. Kreis. Kreis. Die Schälchen mit den Fischen gehen an ein Aquarium in Kopenhagen und werden dort Kinder glücklich machen, die schon glücklich sind, weil sie einen Ausflug ins Aquarium unternehmen und Rochen und Hammerhaie und Biber ansehen können. Sie stellen aber auch Eis für Kinder und Erwachsene her, denen es grad nicht so gut geht, die im Krankenhaus liegen, weil sie eine schwere Operation hatten oder Krebs haben. Das hat dann extra viel Protein und schmeckt natürlich viel besser als Tabletten.

Motoki und Masahiro stehen von früh bis spät hinter der Eistheke, sie sind über den Verein WWOOF hier, der weltweit Arbeit gegen Kost und Logis in ökologischen Betrieben vermittelt. »We like to work japanese style«, sagt Motoki kichernd, also ohne Pause, jeden Tag. Am Abend isst er drei und Masahiro vier Hähnchenschenkel, was uns sehr beeindruckt. Wir stoßen an auf unsere kurze Freundschaft: I *sveikata*, *kanpai*, *Skål*, Prost.

Jetzt wieder mit der Fähre zurück? Wäre ja irgendwie langweilig. Mit einem Segelboot so richtig in See zu stechen, das wär's doch. Der kleine Jachthafen auf Skarø ist nicht der erste, in dem wir herumlungern und sehnsüchtig auf die schaukelnden Masten starren. Trampen ist unter Seglern nicht unüblich, »Hand gegen Koje« nennt sich das, also anpacken und dafür mitfahren dürfen. Nur leider kennen wir uns mit Segeln nur insofern aus, als wir wissen, dass es mit Wind und komplizierten Knoten zu tun hat. Trotzdem ist es eine reizvolle Vorstellung, einfach anzuheuern, so wie in den alten Geschichten, am besten bei dem großen Dreimaster da vorne, der wie aus einer Piratengeschichte gefallen zu sein scheint. Grün gestrichener Stahl, Masten so hoch, dass man den Kopf tief in den Nacken legen muss, um ihre Spitzen zu sehen, weiße, schwere Segel, dicke Taue, das hölzerne abgegriffene Steuerrad. »Joho, und 'ne Buddel voll Rum!« – man wird ja noch träumen dürfen. Die Fähre hat noch nicht angelegt, und wie wir da so stehen und staunen, läuft ein Typ mit Kaffeetasse in der Hand über das Deck.

»Tolles Schiff!«

»Jaja.«

Die Zeit bis zur Abfahrt der Fähre ist begrenzt, wir müssen schnell zur Sache kommen. Knappe Erklärung, wer wir sind, was wir machen, gewohnt umständlich, können wir mitkommen? Er holt den Kapitän, kurze Zeit später steht der vor uns – weiße Haare, Schnauzbart, Brille, in seinem linken Ohr blitzt ein goldener Ring. Ganz der Gentleman begrüßt er zuerst die Dame, dann setzt er sich auf die Holzbrücke, die Schiff und Kaimauer verbindet. Er heißt Hartwig und sein Schiff »Pippilotta«, beinahe jedes Wort umspielt ein verschmitztes Grinsen.

»Soso, ihr wollt also mitfahren? Jetzt kommt die Fähre, also haben wir noch dreißig Sekunden«, sagt er.

»Wohin fahrt ihr denn?«

»Nach Lyø.«

»Wo ist das?«

»Richtung Deutschland.«

Also falsche Richtung für uns. »Perfekt!«

»Na, dann kommt mal an Bord.«

Wir können unser Glück kaum fassen, als wir auf das rostrote Deck klettern, also tatsächlich an Bord der »Pippilotta« gehen. Auf nach Taka-Tuka-Land!

Naja, oder nach Lyø oder wie das hieß.

Ich war noch nie auf so einem großen Segelschiff und freue mich wie ein kleines Kind – apropos: Davon gibt es hier auch ein paar, um genauer zu sein vierunddreißig. Die wollen auf diesem Segeltörn Englisch lernen, deswegen sind vier englische Muttersprachler aus Australien, Neuseeland, Kalifornien und Großbritannien dabei, mit denen nur Englisch geredet werden darf. »Hier, wir nehmen die zwei Weltenbummler mit«, wirft Hartwig in die Runde, große Augen starren uns an.

»Wie kommt man denn an so ein Schiff, Hartwig?« Wir sind unter Deck, erst mal Kaffee. Es ist erstaunlich geräumig hier unten. In geblümten Sitzecken sind die Langschläfer noch mit ihrem Frühstück beschäftigt, es läuft Musik, Red Hot Chili Peppers, die Köchin bereitet in der Küche schon das Mittagessen vor, Sonnenlicht fällt durch die Dachluken.

Hartwig beginnt geheimnisvoll: »Ich wollte mit einem bestimmten Menschen eine Tasse Tee trinken, und der wohnte auf einer Südseeinsel, dafür reichte mein altes Schiff nicht, also hab ich das hier gekauft.«

Hartmut und Lorenz (oben)
bestimmen den Kurs, Kim (links)
bestimmt, was es zu essen gibt.

Diese bestimmte Insel, das war Pitcairn, eine 4,5 Quadratkilometer große Insel mitten im Südpazifik, mitten im Nichts, knappe 2200 Kilometer von Tahiti entfernt. Genau diese, nennen wir sie mal Randlage, hatte das Eiland interessant gemacht für die Meuterer der »Bounty« rund um Fletcher Christian, als sie 1790 nach einem Ort suchten, an dem sie niemand finden würde, um sie für das Meutern mit dem Tod zu bestrafen. Gemeinsam mit einigen von Tahiti verschleppten Frauen ließen sie sich auf Pitcairn nieder, verbrannten die »Bounty« und schlugen sich gegenseitig die Köpfe ein. Heute wohnen weniger als fünfzig Menschen auf der Insel, die meisten von ihnen Nachfahren der Meuterer. Die kleinste britische Kolonie schrumpft mehr und mehr – trotz neuerdings eingerichtetem Internetzugang –, selbst Versuche der Regierung, ein Stück Land an Auswanderungswillige zu verschenken, blieben fruchtlos.
Und genau da wollte Hartwig hin. Die Tasse Tee wollte er mit dem Nachfahren Fletcher Christians trinken. Anderthalb Jahre brauchte er dorthin, auf dem Rückweg erlebten er und seine Crew dann ihre ganz eigene Abenteuergeschichte: Das Schmieröl ging ihnen aus, und als sie da so herumtrieben in der Weite des Ozeans, wurde auch irgendwann das Essen knapp. Ungefähr 500 Kilometer vor den Galapagos-Inseln wurden sie von einem Kreuzfahrtschiff gerettet. Hartwig deutet auf ein Stück Kupferblech an der Wand, »das ist von der ›Bounty‹.« Seine Augen leuchten, ein besseres Souvenir kann es für einen Seefahrer wie ihn kaum geben.

Und dann geht es los. Röhrend springt der Schiffsmotor an; während Elias konzentriert an dem Steuerrad kurbelt, holen Ariane, Lorenz und der andere Elias – die Mannschaft für diesen Törn – das Beiboot ein. Sie ziehen es einmal um das ganze Schiff herum, beim Hochziehen müssen Kinder und Betreuer mithelfen. »Und hoch, und hoch, und hoch!«, ruft Hartwig den zwei Reihen an den Tauen zu. Dann müssen alle ran: Deck schrubben, Toiletten putzen, Taue zusammenlegen, Segel hissen.
»A *clean ship is a happy ship and a happy ship makes a happy captain*«, ruft Hartwig. Aye, aye Käpt'n! Er ist das gewohnt, seit neununddreißig Jahren segelt er die »Pippilotta«, sein Rekord waren 210 Tage am Stück auf dem Wasser. Der Wind zerzaust die Haare, wir versuchen, niemandem im Weg zu stehen, und als der Wind die Segel bläht, geht der Motor aus. »Es ist eine Ehre, hier mitzufahren«, sagt Elias, der mit den blonden Locken. Für uns auch.

Die Glocke läutet zum Essen, es gibt Hot Dogs, und alle verhalten sich wie bei einer Massenpanik, nur rückwärts, ins Schiff hinein. Schieben, Drängeln, Kreischen – Seeluft macht hungrig. Die sechsundzwanzigjährige Köchin Kim, Star-Wars-Leggins, Muskelshirt, grünes Kopftuch über den rosa Locken, klagt uns ihr Leid, die Kinder würden ihr die Haare vom Kopf fressen, »unbelievable!«. Einmal hatte sie sich einen Keks für später aufheben wollen, der sei natürlich weg gewesen. Jetzt habe sie einen Trick entwickelt: Einmal reinbeißen, das rühre keiner an.

Auf Lyø versperren ein paar Fischerboote den Liegeplatz der »Pippilotta«, die Kapitäne sind auch leider schon zu betrunken, um noch etwas daran zu ändern. Das folgende Einparkmanöver kostet Hartwig beinahe sein Beiboot, es knirscht einmal haarsträubend, als es zwischen Segelschiff und Anlegepoller gerät, ein bisschen Abenteuer ist es wohl immer mit so einem Schiff.

Am Abend sind dann alle ganz froh, als die Kinder in ihren Betten liegen – oder zumindest so tun. Wir sitzen gemeinsam an Deck, dann und wann schreit ein Vogel, das Wasser schwappt sacht gegen den Bug. Die Bootsleute lassen eine Kiste Flens springen, Hartwig kramt seinen abgewetzten Fremdwörterduden von 1974 hervor, wir spielen Begrifferaten und lernen, dass ein »Lamp« ein Sklave war, der seinem Herrn das Licht trug. Roman denkt darüber nach, sich eines dieser Boote hier im Hafen zu kaufen, an Land zu ziehen und darin zu wohnen, wir massieren uns gegenseitig die verspannten Rücken, Ben, der verrückte Australier, redet nur noch in Wortwitzen und Liedzitaten, und es fühlt sich so an, als würden wir uns alle schon lange kennen.
Wir schlafen gemeinsam mit Ben und Fergus, dem hauptverantwortlichen Betreuer der Kinder, auf den Sitzbänken im Essraum, und ich danke still den Meuterern der »Bounty«, denn ohne sie würde ich jetzt nicht hier liegen.

ÜBER DAS ANDERSSEIN

Kapitel 4 // *Kopenhagen*

Wonderful, wonderful Copenhagen
Friendly old girl of a town
'Neath her tavern light
On this merry night
Let us clink and drink one down
To wonderful, wonderful Copenhagen
Salty old queen of the sea
Once I sailed away
But I'm home today
Singing Copenhagen, wonderful, wonderful
Copenhagen for me

Das singt Danny Kaye in der Rolle des alten Märchenvaters Hans Christian Andersen 1952 in dem gleichnamigen Hollywood-Musical-Film. Es ist einer dieser fröhlich beschwingten Filme, in denen sich ständig eine passende Situation zur Gesangseinlage ergibt und in denen selbst schlechte Laune nach Spaß aussieht. Und wie sich das für Hollywood gehört, ist es auch nicht die wirkliche Lebensgeschichte Hans Christian Andersens, die da über die Leinwand tanzt, sondern ein Märchen. Eine buntere Version des Erfinders unserer Kindheitsbegleiter wie Däumelinchen oder das hässliche Entlein. In einem Märchen kann natürlich auch eine Stadt uneingeschränkt *wonderful, wonderful* sein, und klar, Kopenhagen macht es einem da leicht. Das Wasser, die Fahrräder, Tivoli, die guten Restaurants, ich jedenfalls hatte mich die ganze Zeit über gefreut, irgendwann durch Kopenhagen zu kommen, das würde nett werden, dachte ich.

Heute ist der Tag, beschließen wir, heute fahren wir da hin. Ein Mann mit strubbeligen grau-braunen Haaren und nacktem Oberkörper hält an; als er aussteigt, knöpft er sich die Hose zu, im Kofferraum liegen Bierdosen. Er ist Journalist, arbeitet für die größte dänische Tageszeitung und ist gerade auf dem Weg zu einem Interview, bisschen spät dran, aber macht nichts.
»Worum geht's denn?«, fragen wir, als wir im Auto sitzen.
Er kratzt sich am Kopf, er hat einen sehr breiten Nacken. In Odense sei ein sechzigjähriger Mann aufgrund eines IT-Fehlers im Krankenhaus gestorben, er spreche jetzt mit Frau und Tochter.
»Es ist eigentlich ziemlich tragisch«, sagt er und grinst.
Unwillkürlich tun mir die beiden Frauen leid, bei denen dieser dänische Hunter S. Thompson gleich aufschlagen wird, hoffentlich zieht er sich wenigstens ein T-Shirt an. Zum Abschied bekommen wir seine Visitenkarte, man weiß ja nie.
Dann halten zwei Typen mit einem riesigen Mercedes-Transporter, die Schiebetür hinten öffnet automatisch, sie sind noch ein bisschen überrascht von sich selbst, dass sie wirklich zwei Tramper mitnehmen, das haben sie noch nie gemacht. Mark, der Fahrer, trägt ein irres Hemd, auf dem sich ein vielköpfiger Drache hinter einem blau-orangen Manga-Samurai windet, dazu eine sportlich geschwungene Sonnenbrille. Er hat den Transporter heute erst gekauft, erzählt er, für seine Mutter, die sitze im Rollstuhl. Während sein Beifahrer Martin erzählt, dass er ein Callcenter-Business in Malaga betreibt und nur für ein paar Tage in Dänemark sei, fahren wir auf die 18 Kilometer lange Brücke über den *Storebælt*, den Großen Belt, das Meer darunter ist flach wie ein Spiegel. Wir machen noch einen Zwischenstopp bei einem Sportzentrum irgendwo in den Vororten, da arbeitet Mark als Koch und da kann er nun die neuen Winterreifen einlagern, wir helfen ihm, Milchshake für jeden, und dann sind wir in Kopenhagen.

Und nun? Erst mal ins Zentrum. Wieder ist es ein heißer Tag, die Straßen sind voller Menschen, Urlaubszeit, Touristenzeit. Wir schieben uns mit den Massen weiter, auf einem Platz singt ein Jugend-Gospelchor, ein Mann steckt uns einen Flyer zu, wir sollten doch zum Konzert heute Abend kommen, »we're from the States«, sagt er, »God bless you«. Mit Gottes Segen also weiter, wir scheitern bei dem Versuch, einen Laden mit deutschen Magazinen zu finden, irren weiter und wissen schon ziemlich bald nicht mehr, was wir eigentlich hier sollen. Das Einzige, was man in Städten ja ziemlich gut kann, ist konsumieren. Klamotten, Schminke, Spielzeug, Einrichtungsgegenstände, Essen, irgendwas, Hauptsache kaufen. Und hier sind wir nun wieder von Menschen umgeben, für die das das Größte zu sein scheint. Sie kleiden sich so, wie sich alle Großstadtbewohner kleiden, die was auf sich halten – dem Trend immer ein Stück voraus, Sonnenbrille, Understatement, sie halten Coffee-to-go-Becher und Smartphones in den Händen und sehen wahnsinnig beschäftigt aus. Für uns macht das alles keinen Sinn, mit unseren ausladenden Rucksäcken können wir uns in keinem Kaufhausgang umdrehen, ohne Gefahr zu laufen, die halbe Auslage mitzureißen, etwas kaufen könnten wir eh nicht, es sei denn, wir hätten Lust, es bis zum Ende unserer Reise auf dem Rücken zu tragen, und wie wir aussehen, ist uns mittlerweile erschreckend egal, Hauptsache, es stinkt nicht zu sehr. Kaum sind wir also drin in der Stadt, wollen wir auch schon wieder raus. Und wenn es einen Stadtteil gibt, der diesem Wunsch am nächsten kommt, dann ist das Christiania. Also machen wir uns auf in den Teil der Stadt, den Medien gerne als »Kopenhagens Hippie-Kolonie« bezeichnen, die Regierung als »autonomen Stadtteil« und die Bewohner selbst als »Fristad«, Freistadt.

Wie das bei allen Hippie-Bewegungen ist, kommen wir auch hier Jahrzehnte zu spät. Die Blütezeit der Hippies waren nun mal die Sechziger- und Siebzigerjahre und nicht die Zweitausendundzehner. Christiania wurde Anfang der Siebziger aus Protest gegen die dänische Regierung ausgerufen, die nach Ansicht der Gründer nicht genug bezahlbaren Wohnraum zur Verfügung stellte. Also schlichen sie sich auf das ehemalige Militärgelände, das nur noch spärlich bewacht und sporadisch von Obdachlosen bewohnt wurde, um dort ihre Freiheit zu finden. Sie besetzten die alten Häuser, bauten sich fantasievolle neue, sperrten den dänischen Staat aus, ja die ganze EU, und probierten den gesellschaftlichen Neuanfang. Also Entscheidungen nur im Plenum, jeder wird respektiert, außer kriminelle Bandenmitglieder, alle Drogendealer, die über Haschisch hinausgehen, und natürlich »Bullen«, die werden notfalls auch gewaltsam rausgeschmissen.

Nach einem Spaziergang durch das sehr pittoreske Christianshavn mit seinen kleinen Kanälen und den niedlichen bunten Häusern links und rechts davon stehen wir vor den Toren der Freiheit. Wir waren beide schon mal hier. Roman geriet 2009 zufällig in Krawalle, als sich die Christianiter an Protesten gegen den gerade stattfindenden Klimagipfel beteiligten. Die Polizei stürmte den Stadtteil, den die Bewohner zuvor mit brennenden Barrikaden gesichert hatten, es wurde eine Menge Tränengas versprüht und Roman wurde schließlich mit Kabelbindern gefesselt und abgeführt – nur um nach dem Vorzeigen des Presseausweises direkt wieder reinzugehen und seine tränenverquollenen Freunde zu suchen. Mein Stelldichein mit dem Stadtteil war etwas friedlicher abgelaufen, nach einem Interview überbrückte ich dort die Wartezeit bis zu meinem Bus mitten in der Nacht zurück nach Hamburg und ließ mir von einem vollkommen bekifften Bolivianer ein Armband an das linke Handgelenk knüpfen. Er fragte mich währenddessen dreimal nach meinem Namen und versuchte mich anschließend zu küssen, ich erkundete das Viertel dann doch lieber allein weiter.

Und nun laufen wir zusammen hier durch, auf der Suche nach einem Ort, an dem wir bleiben können. Wir wählen einen der Nebeneingänge, um dem Rummel an der berüchtigten Pusher Street am Haupteingang zu entgehen, in der Vermummte in kleinen Holzbüdchen Gras verkaufen. Das zieht die meisten Touristen an, mittlerweile gehört Christiania zu den Hauptattraktionen Dänemarks, öffentlich verkauftes Gras mitten in Kopenhagen, das ist schon ein Ding.

Das Konzept Sightseeing war mir schon immer suspekt. Alle fahren an denselben Ort, stellen sich in lange Schlangen und zahlen einen happigen Eintritt – um zu gucken.

Gut, und um sich mit dem Selfie-Stick davorzustellen und ein paar Selbstporträts zu schießen, schon klar. Ein Teil der Besucher bekundet tatsächlich ein kulturelles Interesse an dem jeweiligen Ort, viele Leute sehen dort aber schrecklich verloren aus, weil ihnen im Moment des Ankommens auffällt, dass sie überhaupt nicht wissen, was sie machen sollen. Dann stehen sie da und gucken und machen ein paar Fotos, und um die aufkommende Leere zu füllen,

Ohne Regeln bauen die Menschen in Kopenhagens autonomem Stadtteil Christiania, wie sie wollen, zum Beispiel Häuser wie dieses.

wurden ja glücklicherweise die Souvenirs erfunden. Meist kleine Repliken des zu bestaunenden Ortes, Tassen und Schnapsgläser mit dessen aufgedrucktem Abbild und T-Shirts mit einem griffigen Spruch dazu. Immer überflüssig, immer hässlich. Nur weil ich woanders bin, habe ich doch nicht jeden Sinn für Geschmack und Sinnhaftigkeit verloren. Ein nicht unerheblicher Anteil der Menschenansammlungen an touristischen Sehenswürdigkeiten aber kauft gut gelaunt kitschige Schnapsgläser und T-Shirts mit der Aufschrift *Official Danish Drinking Team.*

Wir gehen also genau in die entgegengesetzte Richtung, über die Brücke auf die andere Seite des ehemaligen Stadtgrabens, der so groß ist, dass er uns eher wie ein See vorkommt. Wir laufen vorbei an niedlichen krummen Häuschen, auf der anderen Uferseite entdecken wir eine Art Ufo, jemand fährt mit einem Christiania-Bike vorbei, dem hier erfundenen Lastenrad, Autos sind verboten. Und dann stehen wir mehr oder weniger aus Versehen in einem Innenhof. Drei Männer sitzen auf Bänken zusammen und trinken Bier, und unwillkürlich muss ich denken: Was haben die für ein schönes Leben, dass die da jetzt zusammen sitzen und trinken können in diesem Hof direkt am Wasser. Ein kleiner Terrier knurrt uns missmutig an, verliert aber schnell wieder das Interesse.

»Ihr seid nicht gefährlich genug«, sagt einer der Männer, hellblonde Strubbelhaare. Und weil uns nichts Besseres einfällt, fragen wir nach einem Schlafplatz.

Er nimmt uns mit zu der kleinen Wiese direkt am Schilf, ein verwitterter Teakholztisch steht da und ein paar Stühle, Mücken schwirren durch die Luft. Gut? Gut. Wir sind übrigens Svenja und Roman, sagen wir, man muss sich ja mal vorstellen. Ach so, ja, Sam.

Keiner von uns erwähnt den Grund unserer Reise, das Buch. Wir haben das nicht vorher abgesprochen, wir folgen nur offenbar beide dem gleichen Impuls. Bei unseren bisherigen Begegnungen waren wir damit eigentlich immer ziemlich schnell gewesen. Wir hatten gemerkt, dass die meisten Leute dankbar für etwas sind, an dem sie sich festhalten können. Einfach nur da sein ist schwierig, das könnte ja alles sein, schwer zu greifen, schwer einzuschätzen. Eine Mission aber, wie in unserem Fall eine mitmenschlichere Art des Reisens wiederzuentdecken, die macht es leichter. Eine Mission kann letztendlich alles Mögliche sein: Ich interessiere mich für die Wohnzimmer fremder Leute, insbesondere die Sofas. Ich möchte die Landessprache lernen und deswegen nur bei Einheimischen schlafen. Ich möchte reisen, ohne Geld auszugeben (wie unsere Reise übrigens oft missverstanden wird, selbst im Freundeskreis). Ich möchte genau so reisen wie diese Leute in dem Buch, das ich kürzlich gelesen habe. Ganz egal was, eine Mission öffnet Türen.

Nur hier jetzt, in dem christianitischen Vorgarten, da sagen wir erst mal nichts. Natürlich sind die Bewohner genervt von den ganzen Touristen, die durch ihr Zuhause trampeln und Fotos mit dem Tablet schießen, von den Journalisten, die dieses Hippie-Kleinod mit dem Drogenproblem porträtieren wollen, und höchstwahrscheinlich auch von einer Schreiberin und einem Fotografen, die das hier in ihr Reisebuch aufnehmen wollen. Sam scheint ohnehin keine Mission zu brauchen, um mit unserem Dasein klarzukommen. Dass hier mal Leute auftauchen und ein paar Tage bleiben, ist normal, Christiania zieht Freiheitssuchende aus der ganzen Welt an. Wenig später schlurft dann auch ein Franzose mit Dreadlocks auf den Hof, ob er mal Wasser haben könne, er zelte da hinten hinter dem Hügel.

Sam nimmt uns mit zu seiner Freundin, die zusammen mit einer anderen Frau gerade damit beschäftigt ist, das Feuerholz für den Winter zu schichten. Die andere Frau ist Deutsche, und an die übergibt er uns jetzt sozusagen. Um uns für die Gastfreundschaft zu revanchieren, helfen wir mit. Unsere Aufgabe wird es, einen schiefen, halb abgesackten Stapel unter ein neues, stabileres Dach umzuschichten. Dummerweise hat eine Horde wirklich dicker Spinnen und Motten sich diesen Stapel quasi zum Mehrfamilienhaus umfunktioniert, und nachdem ich mehrere Scheite schreiend fallen gelassen habe, drehe ich jeden zuerst mit einem Stock um, bevor ich ihn anfasse. »Was it a spider?«, fragt Sams Freundin beim nächsten Schrei. Ich nicke stumm. »Well, size matters.«

Ok, zur Freiheit gehört auch Scheißarbeit. Wenn man das ganze sozialstaatliche System aussperren will, dann muss man sich auch um alles selbst kümmern. Da dauert es schon mal ein bisschen, bis man einen eigenen Wasseranschluss im Haus hat oder eben eine Heizung. Da gibt es keine Post und keine Müllabfuhr, bis man selbst eine gründet. Dafür kann man aber machen, was man will. Wer hat gesagt, dass Häuser immer rechteckig sein müssen? Dass Außentüren im ersten Stock Quatsch sind, wenn man sich doch so schön da reinsetzen und die Füße baumeln lassen kann? Dass eine Banane nicht die perfekte Vorlage für einen Grundriss sein kann? Oder dass ein Dach in der

Mitte spitz zulaufen muss und nicht an den Ecken? Warum müssen wir uns alle vorschreiben lassen, wie wir zu leben haben? Wie wir unsere Häuser zu bauen haben? Wie es für uns am besten ist? Für die Bewohner von Christiania ist es anders besser, anders als die Norm, anders, als der Staat Dänemark das will. Und der hat damit seine liebe Not. Mal will er es räumen, dann wieder dulden, dann wieder räumen.

Vor fünf Jahren mussten die Christianiter einen Kompromiss eingehen, bleiben, aber dafür kaufen, erzählt uns die deutsche Friederike am Abend bei einem Bier. Bis dahin gehörte das Gebiet immer noch dem Staat, jetzt gehört es ihnen, dafür mussten sie aber ein paar Vorschriften in Kauf nehmen, Denkmalschutz zum Beispiel und bauliche Auflagen, die Freiheit ist ein bisschen kleiner geworden. Und teuer – »Es wird hier einen Bewohneraustausch geben, weil sich das nicht mehr alle leisten können«, sagt Friederike, alle zahlen das Gleiche in Christiania, Miete und Eigentum gibt es in dem Sinne nicht. Sie selbst kam als Tischlergesellin hierher, auf der Walz, die funktioniert eigentlich ziemlich genau so wie unsere Reise, stellen wir fest, nur mit Kordschlaghosen und Hut. Sie verliebte sich in ihren heutigen Mann Kim und blieb, sie bekamen eine Tochter und die wiederum erwirkte den Einzug der beiden Meerschweinchen Mars und Nusse.

Was wir hier kennenlernen, das sind keine vollgedröhnten Hippies, das sind Familien, die sich entfalten wollen, die Platz für ihre Kinder zum Spielen haben wollen, die keine Lust haben auf überteuerte Stadtwohnungen im lauten, zugebauten Zentrum. Manche leben hier schon in dritter Generation, wie Sams Kinder. Wovor die dänische Regierung solche Angst hat, das sind nicht sie, sondern die Dealer auf der Pusher Street. Die freuten sich damals natürlich über diesen rechtsfreien Raum, auch das organisierte Verbrechen will ja lieber vom Staat in Ruhe gelassen werden. Wenn die mal wieder Mist bauen, sich zum Beispiel gegenseitig bekriegen oder auf die Polizei schießen, dann sind gleich alle dran. Dann wirft die Mitte der Gesellschaft sie alle in einen Topf, die Familien und die Dealer, dann verlangt sie wieder nach der Räumung dieses Ortes der Gesetzlosigkeit. Schade eigentlich. Wir fühlen uns hier ziemlich wohl, denn auch wir können hier ja machen, was wir wollen. Es müsste mehr solcher Orte geben, dann müssten sich auch nicht alle auf diesen stürzen – die

Dealer, die Touristen, die Hippies. Dann könnte Christiania wieder ein bisschen mehr so sein, wie es eigentlich sein wollte.

Gut, es ist auch hier ein bisschen so, wie es oft an solchen offensiv alternativen Orten wie Bauwagenplätzen oder besetzten Häusern ist: Alle tun wahnsinnig tolerant, tolerieren letztlich aber am liebsten die Leute, die am ehesten so sind wie sie. Und ich kann sie sogar verstehen, wer einen Gegenentwurf macht, der ist ja »gegen« etwas, im Zweifel gegen alles andere, gegen das »Normale«.

Vor Jahren machten Roman und ich eine unserer ersten gemeinsamen Geschichten über einen Bauwagenplatz in Hannover. Er lag direkt neben einem Kleingartenverein und war natürlich so ziemlich das Gegenteil zu der schrebergärtnerischen Aufgeräumtheit nebenan. Ein Typ kochte sich gerade in einem Riesenkochtopf selbst, oder zumindest nahm er darin ein heißes Bad, er landete schließlich auch auf dem Cover des Studentenmagazins, für das wir die Geschichte machten, wie er sich in dem Kochtopf sitzend gerade mit einer Axt ein Bier öffnete. Alles anders, sonst wäre es zu sehr Establishment. Und machen wir nicht gerade genau das Gleiche? Partout kein Hotel, Bed-and-Breakfast oder Hostel, ja noch nicht mal ein Campingplatz. Auf gar keinen Fall Flugzeug, Zug, Taxi oder Bus. Selbst über das Zelt hatten wir tagelang gerungen – war das nicht schon zu bequem? Zu einfach? Zu konventionell? Da bleibt doch nur die Axt, um das Bier zu öffnen.

Letztlich ist unsere Reise auch so ein Gegenentwurf, ein Gegenentwurf zu dem Touristenstrom, der sich durch den Rest Kopenhagens wälzt. Zu der Jetterei an die angesagten Destinationen dieser Welt – Thailand, US-Westküste oder doch lieber Kapstadt? Klar, wir hatten das selbst auch schon so gemacht, die klassische Südostasientour – Thailand, Laos, Vietnam, Kambodscha. »Banana Pancake Trail« nennt sich das, weil sich die Restaurants, Cafés und Gasthäuser mit ebenjenen Pfannkuchen an den westlichen Gaumen angepasst haben. In dem laotischen Bergdorf Vang Vieng, in dessen Alkohol- und Drogenexzessen am Fluss schon Dutzende Backpacker draufgegangen sind, hatten wir in den traurigen Resten der Traveller-Invasion gesessen und uns gefragt, was wir hier eigentlich machten.

Bei allem Dagegen sind wir aber eigentlich relativ normale Leute. Ja, wir reisen gerne und viel, sind aber weder Extrembergsteiger noch Nahost-Insider, wir besuchen unsere Eltern regelmäßig und gehen gerne ins Kino. Nur mit dieser

Reise befördern wir uns in eine gewisse Außenlage. Wer alles anders machen will, der ist nicht in der Mitte der Gesellschaft, sondern an ihrem Rand, vielleicht sogar am Rand des eigenen Lebens, und von da außen lässt sich das alles ganz gut angucken. Mit so vielen unterschiedlichen Lebensentwürfen konfrontiert zu sein eröffnet einem positiv ausgedrückt eine Menge Perspektiven, negativ ausgedrückt kann es auch ganz schön verunsichern. Leben wir überhaupt so, wie wir leben wollen? Warum nicht auf einer Insel aus Eis? Oder in einer Surfschule? Oder auf einem Segelschiff? Wer wollen wir eigentlich sein? Und können wir uns das überhaupt aussuchen?

Ungefähr einen Monat nach unserem Besuch schießt ein Dealer auf der Pusher Street einem Polizisten in den Kopf, seinem Kollegen und einem Touristen ins Bein und wird anschließend auf seiner Flucht selbst erschossen. Die Bewohner Christianias reißen daraufhin die Dealerbuden ab, damit nicht ihre eigenen Häuser abgerissen werden.
Wonderful, wonderful Copenhagen.

Friederike kam als Zimmerin nach Christiania, verliebte sich und blieb. Ihre Tochter Annika versteht zwar Deutsch, spricht aber nur Dänisch. Sie wächst unter Freigeistern auf, die auch gerne mal ein Ufo als Vorbild für ihr Haus nehmen.

Fjäll

Lit

Gäddede

Namsos

Kopenhagen

BLAUBEERE

DIE SONNE IST ÜBERALL DIESELBE

Kapitel 5 // *Kopenhagen – Namsos*

Ein Kreisverkehr ist ein Ort, an dem die Autos im Kreis fahren, und das ist gut für uns. Denn dafür müssen sie langsamer werden und können auch eine Extrarunde drehen, wenn sie uns gesehen haben, wie wir da stehen mit unseren Daumen und unserem Schild »S« – für Schweden. Zwei Tschechen stehen hier schon lange, läuft nicht so gut, sagen sie. Ob wir auf dem Weg zu dem Hitchhiker-Treffen in Norwegen seien? Ich wusste noch nicht mal, dass es so was gibt.

Worüber unterhält man sich wohl auf einem Hitchhiker-Treffen? Über das Für und Wider eines Schildes? Lieber Raststätte oder Autobahnauffahrt? Lkw, ja oder nein? Berichte der krassesten Tramp-Erfahrungen?

Die Tschechen gehen ein Stück weiter, vielleicht ist es da besser. Wir nehmen das nächste Auto Richtung Schweden, die Scheiben sind getönt, sie können uns nicht sehen, als wir an ihnen vorbeifahren und von drinnen winken.

Es geht direkt auf die knapp acht Kilometer lange Öresundbrücke nach Schweden, wieder sehen wir das Meer von weit oben. Klara, die blasse Sechzehnjährige neben uns auf dem Rücksitz, kehrt gerade von sechs Wochen Tokio zurück. »Mir war langweilig, also habe ich einen Online-Japanischkurs angefangen«, sagt sie, und dann sei sie in den Schulferien hingeflogen. So ein Auslandsaufenthalt sei ja sehr wichtig, sagt jetzt Johanna, die Mutter, von vorne. Klara habe sich aber jeden Abend melden müssen, wenn sie zu Hause war, über das Smartphone hatten sie also täglich Kontakt. Vielleicht haben sie sich deswegen jetzt auf dem Rückweg vom Flughafen so wenig zu sagen.

Und wir? Wir bleiben irgendwie einfach sitzen. Johanna und Niklas, ihr Mann, bieten uns einen Schlafplatz bei sich zu Hause in Veinge an, Klara ist schon wieder in ihr Handy vertieft. Wir bekommen den Wohnwagen, der in der Einfahrt steht, gleich hinter einem merkwürdigen weißen Auto mit Ladefläche. Klaras A-Traktor, erklärt Niklas, ein auf 30 km/h gedrosseltes Auto, das man in Schweden ab sechzehn ohne Führerschein fahren darf. Der Trick ist, dass das Auto als Trecker angemeldet ist, deswegen muss es auch die Ladefläche haben. Wir ziehen ein in unsere Luxus-Suite, King-Size-Bett, Flachbildschirm, Glasvitrinen, Niklas schmeißt den Grill an und dreht die Musik auf – Korn, Iron Maiden, Stone Sour. Wir bekommen ein Bier, selbst gebraut, damit will er bald so richtig loslegen, Johanna lädt immer mehr Essen auf den Tisch im Wintergarten, alles ganz routiniert, sie scheinen das häufiger zu machen. »Preben!«, »Preben!«, wo ist der denn schon wieder? Ein schlappohriger Jack-Russel-Terrier kommt um die Ecke gewetzt, na bitte, »warst du wieder am Teich?« Der Hund hechelt so unschuldig, wie er nur kann, verräterisch unschuldig. Zum Essen taucht auch noch Sohn Theo auf, die blond gezopfte Oma mit ihrem griechischen Freund kommt vorbei, Klara wird später von ihren Freunden abgeholt, reicht dann mal wieder mit Familie. Niklas, von den anderen auch frotzelnd »Nikipedia« genannt, weil er so viel im Internet nachsehe, erzählt, dass die Stimme Astrid Lindgrens ihn immer noch anrühre, wenn er sie höre, so sehr Heimat sei das. Schweden als ein großes Bullerbü bei mir, die noch nie hier war, rennt er damit offene Türen ein.

Überall rostrot angemalte Holzhäuser, Mädchen mit langen blonden Haaren, ein endloses Mittsommerfest, alle reden mit diesem niedlichen Akzent wie die Stimme aus der IKEA-Werbung, und am liebsten gehen sie in die Natur, um Beeren zu sammeln, so hatte ich mir mein Klischee-Schweden vorgestellt.

Der nächste Tag holt mich dann wieder zurück in die Realität. Wir sitzen bei einem Typen mit hellgrünen Kopfhörern im Auto, rostrote Holzhäuser sehen

wir keine, dafür ab und an Industriehallen. Er ist stämmig und hat kurz ge-
schorene Haare, grad erst abgeschnitten, sein Nacken ist noch ganz weiß. Er
will wissen, wie schnell wir schon mal mit dem Auto gefahren sind – wir kämen
ja aus Deutschland, dem Land ohne Geschwindigkeitsbegrenzung –, es enttäuscht ihn, dass wir das nicht wissen. Er reicht uns sein Smartphone rüber,
darauf ein Video, abgefilmt von einem Fernseher, darin sieht man, wie schnell
er Auto fährt, also virtuell auf einer Konsole. Er müsse jetzt hier abfahren,
sagt er, und verlässt die Autobahn, hält aber nicht an. Wo willst du denn hin?
Noch ein Stück, da vorne kann ich euch rauslassen. Eine Weile verstreicht, er
beschleunigt extra stark, wohl um uns zu beeindrucken, ich werde unruhig.
Wo denn? Ja, gleich da vorne. Lass uns doch einfach hier raus, sagt jetzt auch
Roman, hier ist gut. Nein, nein, noch ein Stück. Als er in ein Industriegebiet
einbiegt, fange ich an abzuschätzen, wie viel stärker er im Vergleich zu uns ist.
Mir ist mittlerweile vollkommen egal, wo er uns rauslässt. Und dann plötzlich
haben wir seinen Wunschort erreicht, wir steigen aus, erleichtert, keine Ahnung wo.

Es dauert eine Weile, bis wir da wieder wegkommen, schließlich hält einer, der
uns während der Fahrt eröffnet, dass er gar keinen Führerschein hat, er sei
mal mit Drogen erwischt worden. Dem kann es mit dem Rauslassen gar nicht
schnell genug gehen. Kurz vor seiner Ausfahrt fährt er auf den Seitenstreifen
der Autobahn, um uns da aussteigen zu lassen. Er versteht wirklich nicht, dass
Trampen überhaupt keinen Sinn macht, wenn die Autos mit 120 km/h vorbeirauschen, wir können ihn aber überzeugen weiterzufahren und er lässt uns
kurz hinter der Abfahrt raus. Und da schauen wir erst mal den Schatten beim
Längerwerden zu. Als alles schon ein einziger dämmriger Schatten ist, hält
endlich ein Auto.

Und dann der See. Er ist rundum von Felsen und Bäumen eingerahmt, Nebel
wabert über die Wasseroberfläche. Zwei Nackte springen am gegenüberlie-
genden Ufer gackernd hinein. Sie stören die Makellosigkeit des Wassers, und
weil das Bild nun eh hin ist, springt Roman auch rein. Als das Paar endlich
genug vom Schwimmen hat, haben wir den See wieder für uns und kriegen gar
nicht genug davon, da zu sitzen und zu gucken, bis wir fast nichts mehr sehen
können. Die Nacht wird kühl, ein Vorgeschmack auf den höheren Norden.

Im alles ausleuchtenden Licht des nächsten Morgens verliert der See deutlich an Magie. Wir packen zusammen, zu essen haben wir nichts mehr, also vorerst kein Frühstück, dann springen wir hinein, nackt, ist ja keiner da. Das Wasser ist erstaunlich warm, wir schwimmen, bis es sich kalt anfühlt, dann bekomme ich einen unglaublichen Heißhunger auf Waffeln. Kurz hinter dem Wald ist tatsächlich ein Café, das sogar Waffeln hat, nur leider haben wir kein Geld und sie kein EC-Gerät, also immer noch kein Frühstück. Wir kaufen im nächsten Supermarkt ungefähr doppelt so viel, wie wir brauchen – jaja, man soll nicht hungrig einkaufen gehen –, und frühstücken auf einer Parkbank davor.

»Nun fahrt ihr also mit der Post«, sagt uns der kleine, dickliche Fahrer des blauen Postwagens, der uns in einem Industriegebiet aufsammelt und uns mittenrein fährt, nach Göteborg. Wir gehen erst mal ins Kino, Nachmittagsvorstellung, da müssen wir uns mit nichts auseinandersetzen. Später lassen wir uns das Kneipenviertel auf der Karte zeigen und laufen hin. Weil wir uns beide eher unkommunikativ fühlen an diesem Abend, lassen wir es zehn Uhr werden, bis wir überhaupt versuchen, jemanden kennenzulernen.

Vor einer Eckkneipe starrt mich ein Mann mit zum Zopf gebundenen blonden Haaren interessiert an. Heute feiern sie den einundvierzigsten Geburtstag seines Freundes Lars, erzählt er. Er ist sehr betrunken, und Lars, der nun aus der Tür kommt, ist das auch. Bei ihm könnten wir nicht schlafen, lallt Lars, er lasse sich gerade scheiden, das passe nicht so gut. Er ruft ein paar Freunde an, die haben aber auch keinen Platz.

In Gedanken finde ich mich schon damit ab, in einem Park zu schlafen, wie schlimm kann das schon sein, da kommt ein kleiner, hagerer Mann im Jackett aus der Tür.

Er spricht kaum Englisch, Lars erklärt ihm die Lage auf Schwedisch. Er blickt uns einen langen Moment aus trüben, braunen Augen an, dann sagt er etwas sehr bestimmt auf Schwedisch, Lars übersetzt: »Ich helfe euch, kein Problem.« Er sei ein Mensch, der mit dem Herzen entscheide, lässt er weiter übersetzen, wir seien ihm sympathisch, deswegen wolle er uns helfen. Er nimmt meine Hand, legt sie auf sein Herz, umarmt mich und legt seinen Kopf an meinen.

Andras heiße er, »take it easy!«. Und dann gehen wir alle rein in die Kneipe, es gibt ja schließlich einen Geburtstag zu feiern.

Der arme Lars muss als Übersetzungsmaschine herhalten, jeden seiner Sätze leitet Andras, der augenscheinlich auch nicht mehr ganz nüchtern ist, mit den Worten »*Lars, kan du översätta?*« ein, und der macht das auch brav. Nach ungefähr einer halben Stunde wissen wir: Andras ist fünfundsechzig Jahre alt, kommt aus Ungarn und hat mal Fotografie gelehrt. Das verbrüdert ihn natürlich sofort mit Roman.

Andras gibt irgendwann den Countdown zum Bus, »five minutes, toilet?«, fragt er, dann nimmt er seinen Schirm und marschiert los. Immer wieder lacht er verzückt auf, klatscht in die Hände, im Bus klopft er Roman vergnügt auf den Rücken, ein paar Fahrgäste blicken sich irritiert zu uns um. Die Wohnsiedlung, in der wir dann ankommen, liegt so weit südlich, dass sie schon nicht mehr auf der Göteborg-Karte ist. Andras führt uns zu einem blockartigen Mehrfamilienhaus, und schließlich stehen wir in einer sehr ordentlichen Wohnung. Eichene Bücherregale, knautschige Ledercouchgarnitur, eine Vitrine mit großen, glänzenden Muscheln darin. Die habe Attila beim Tauchen gesammelt, da sei er jetzt auch wieder, beim Tauchen.

Ich brauche einen Moment, um zu verstehen. Das hier ist gar nicht seine Wohnung. Das hier ist die Wohnung seines Freundes Attila, Attila aus Transsilvanien. Andras wohnt hier nur zur Untermiete, in einem kleinen Zimmer in der Ecke neben dem Bad. Er zeigt es uns, grüne Tapeten, eine orange gemusterte Bordüre unter der Decke, ein schmales Bett, ein Regal, ein kleiner Schreibtisch, ein würfeliger schwarzer Röhrenfernseher. An eine Wand hat er Unmengen Zettel, Flyer, Notizen und Zeitungsausrisse geklebt. »I have no money«, sagt Andras. »Attila is ingenieur and very capitalist, I am no capitalist!« Er lacht und zieht dabei die Augenbrauen hoch, sodass er trotzdem ein bisschen traurig aussieht. Jetzt müssten wir aber noch ein bisschen Musik zusammen hören, wir holen den Wodka raus, den wir für Notfälle dabeihaben, wir stürzen ihn runter, Andras legt The Kinks auf und wippt glückselig im Takt. »*I asked her her name and in a dark brown voice she said Lola, L O L A Lola la-la-la-la Lola.*« Es folgen ungarischer Jazz und argentinischer Tango, »I am crazy romantisk!«, ruft er. Als ich sage, dass ich müde werde, guckt er lange auf Attilas großes Bett, dann holt er eine Tagesdecke, legt sie darauf und fragt: »*Is it ok?*«

Andras aus Göteborg findet die
Freiheit im Schreiben (links),
Christa aus Den Haag (oben)
findet sie im Tantra und ich aus
Hamburg (unten) am Wasser.

Am nächsten Morgen hat Andras schon Frühstück gemacht, als wir aus der Dusche kommen, nüchtern klappt es auch mit dem Englisch viel besser. Attila, der sei so, er formt mit den Fingern ein Viereck, und er, er sei so, er zerknüllt eine Serviette. Roman schenkt ihm den Rest unseres Wodkas, er füllt sich sofort ein Glas ein, »nein, nein, du kannst die ganze Flasche behalten«, will Roman das Missverständnis auflösen. »Ich weiß, ich weiß«, sagt Andras und stürzt das Glas hinunter. Uns schenkt er eine kleine Schleife in den Farben der ungarischen Flagge, rot, weiß, grün, ich pinne sie mir an meinen Rucksack.

Wir peilen nun Karlstad an, eine Stadt am Nordufer des Vänern, des größten Sees von Schweden. Eine gute Freundin von mir verbrachte dort ihre Jugend, nachdem sie in Süddeutschland, den Niederlanden und Hamburg aufgewachsen war – die Familie folgte den Physikprofessuren des Vaters –, wir hatten ihre Eltern und Geschwister bereits kennengelernt, es würde schön sein, nach so vielen fremden auch mal wieder bekannte Gesichter zu sehen.

Drei Autos später sind wir immerhin schon am Westufer des Sees, und da sieht es dann wirklich sehr schwedisch aus, bunt angemalte Holzhäuser, liebliche Wiesen, Weite. »Ich gucke immer raus und denke, vielleicht sehe ich das Pferd von Pippi Langstrumpf hier irgendwo«, sagt deswegen auch Christa, in deren silbernem Daihatsu-Geländewagen wir seit einer Weile sitzen. Sie trägt eine bunt gestreifte Strickjacke und eine blau-weiß-braune indianische Kette, kommt aus Den Haag und ist auf dem Weg zu einem Tantra-Festival ganz in der Nähe von Karlstad. Ihre Klamotten hat sie irgendwie ins Auto geworfen, die ganze Fahrt über rutschen mir die aufgestapelten Tüten neben mir auf die Schulter. Sie erzählt uns, dass sie schon vor ein paar Tagen Tramper gesehen habe, sie habe aber nicht anhalten können, weil sie zu schnell gewesen sei, das habe sie die ganze Zeit beschäftigt. Sie habe sich geschworen, dass sie die nächsten auf jeden Fall mitnehmen würde. »Ich musste lachen, als ich euch gesehen habe, weil ich dachte: Da sind sie nun!«

Da wir alle schon ganz schön viel Auto gefahren sind an diesem Tag, fahren wir links ab, parken am Waldrand, laufen ein Stück hinein über den Pfad, dann durch das Dickicht und stehen plötzlich vor einer Schlucht, nur Grün, Felsen, goldenes Gegenlicht. Das Moos auf den Felsen knirscht unter unseren Schritten wie Schnee, Roman fotografiert, Christa strahlt. Wir gehen erst wieder, als die Sonne hinter den Bäumen verschwindet. »Ich hab in der letzten Zeit zu viel nachgedacht, das hat mir so gut getan jetzt«, sagt Christa, als wir zum Auto zurückgehen. »Ich fühle mich wirklich frei.« Sie bringt uns bis vor die Haustür, sie küsst und umarmt mich zum Abschied, streicht mir über die Haare, dann hüpft sie ins Auto, ruft »*Arrivederci!*« und verschwindet in der Nacht.

In Karlstad ist unser Bett schon bezogen, sie haben uns Pizza übrig gelassen und wir schlafen dann erst mal so richtig aus.
Es ist wahnsinnig entspannend, hier zu sein. Wir picknicken am See, pflücken Blaubeeren und backen Blaubeerpfannkuchen, machen einen Spieleabend und schlafen noch mehr. Es fällt uns schwer, wieder aufzubrechen.

Draußen macht sich ein Gewitter donnernd Luft und der große weite Norden beugt sich über uns wie ein Scheinriese. Nach wenigen Minuten verlaufen wir uns, finden zurück auf den Weg und sind wieder »on the road«.

Auf der Straße haben schon viele vor uns die Freiheit gesucht. Die alten Romantiker, die sich dichtend und malend das Land erschlossen, Freigeister wie der spätere Drehbuchautor Laurie Lee, der seine Reise Ende der Sechziger in dem Buch »As I Walked Out One Midsummer Morning« verarbeitete, und natürlich die, die vom Leben nicht genug bekamen, wie Jack Kerouac. Mit »On The Road«, einer autobiografischen Erzählung seiner Reisen durch Amerika, die er innerhalb von drei Wochen auf eine Rolle zusammengeklebter Zeichenpapiere in einer Art manischem Rausch getippt haben soll, schrieb er in den Fünfzigern das Manifest seiner Generation. Er fand ein Gefühl, das alle fühlen wollten. Was uns dann passiert, hätte Kerouac nicht passieren können, dafür war er zu früh. Für uns hält ein Raumschiff.
Die Türgriffe fahren automatisch aus, als es lautlos neben uns hält, beinahe erwarte ich ein hydraulisches Zischen, mit dem sich die Türen nach oben schwingen, so wie ich es aus Science-Fiction-Filmen gelernt habe, aber nichts, die Türen müssen wir schon selbst öffnen. Kaum haben wir diese geschlossen, beschleunigt das Gefährt in wenigen Sekunden auf 100, wir werden sanft, aber nachdrücklich in die Sitze gepresst, fahren oder fliegen wir jetzt? Mein Blick fällt auf den riesigen Touchscreen in der Mittelkonsole, auf dem der sehr runde Mann auf dem Fahrersitz nun mit beiden Händen eine Karte he-

ranzoomt – Moment mal, mit beiden Händen? »Autopilot«, kommentiert der Fahrer – kann man den überhaupt noch so nennen? – beinahe gelangweilt. Das Auto, also doch kein Raumschiff, verfüge über einen Augensensor, wenn er zu lange nicht auf die Straße schaue, würde es ihn daran erinnern und zum Selberfahren auffordern. Er hängt sich in den Windschatten des Autos vor uns und studiert auf dem Touchscreen den nun verringerten Energieverbrauch. Seit 8:30 Uhr heute Morgen macht er das schon so, er war mit seiner Familie auf Teneriffa, sie flogen zurück nach Berlin, fuhren zusammen nach Kopenhagen, Legoland, Frau und Kind stiegen dann wieder ins Flugzeug nach Alta, ganz im Norden Norwegens, er fährt, oder lässt fahren, wie auch immer man das nennen will.

»Es ist gut, wieder zu reden, mir wurde schon echt langweilig«, sagt er, Ørjan. »Normalerweise bin ich sehr unsozial, aber Anhalter nehme ich immer mit.« Er erzählt uns von seinem Job als Flugzeugtechniker oben an der russisch-norwegischen Grenze in der kalten Abgeschiedenheit, eine Woche Arbeit, zwei Wochen frei, und fortan ist das Romans Vorstellung von einem perfekten Leben. Auf Spitzbergen hat Ørjan auch schon gearbeitet, allein der Name löst Sehnsucht aus, Spitzbergen. Dort habe er den Ausländern immer erzählt, dass die Eisbären so schlau seien, dass sie ihre Tatzen umdrehten und an die Türen klopften, damit man ihre Krallen nicht hörte. Darüber lacht man also im Norden.

Ich glaube, es amüsiert Ørjan ein wenig, dass wir von seinem Elektroauto so geplättet sind, er hat das schon seit drei Jahren, in Norwegen keine große Sache. Gelockt durch Steuererleichterungen und Vorzüge wie die Erlaubnis, die Busspur nutzen zu dürfen, kaufen sich Norweger prozentual gesehen die meisten Elektroautos in ganz Europa, ab 2025 will die Regierung die Neuzulassung von Benzin- und Dieselautos womöglich ganz verbieten. Ein Tesla – für uns ein Raumschiff – ist da einfach nur ein Auto. Und mit dem gleiten wir nun durch zunehmend menschenleere Landschaft, Wälder, Seen, und da, zwei Elche! Eine Mutter mit ihrem Kind?
Es ist dunkel, als wir uns von Ørjan an einem See absetzen lassen, und da erst bemerke ich die Aufschrift auf seinem violetten T-Shirt: »Space Shuttle Pavilion, Intrepid Museum«, darüber – ein Raumschiff.

Für ein Abendessen hatten unsere Wasser- und Lebensmittelvorräte noch gereicht, aber nicht für ein Frühstück. Wir pflücken Blaubeeren, das Seewasser ist leider zu dreckig, um es trinken zu können, also weiter. Es fahren Unmengen deutscher Wohnmobile an uns vorbei und wir fühlen uns ein bisschen verraten von unseren Landsleuten, weil sie uns einfach in der Pampa stehen lassen. Irgendwann werden wir von einem Mann erlöst, der gerade auf dem Weg zu einer Bärenexkursion ist – großartig, wir haben also in einer Bärenregion gezeltet –, er lässt uns an einem Café raus, und wir überspringen das Frühstück und gehen gleich zum Mittagessen über.

Ein Yorkshire-Terrier in einem bunten Paisleymuster-Anzug und mit aufgedrehten Haaren puschelt herein, und ich denke mir mal wieder, wie komisch diese Welt eigentlich ist.

Ein alter rot-weißer Scania-Bus fährt vor, ein richtiger Bus, nicht so eine Bulli-Kurzversion, zwei Typen steigen aus und setzen sich ein paar Tische weiter zum Essen. Der eine versteckt sich hinter einem woligen schwarzen Vollbart, der andere hat seine langen Haare hinter die Ohren gestrichen. Der Vollbart geht bald in einer hitzigen Debatte mit der Bedienung auf, es geht um Überfremdung. Auch als wir später ins Gespräch kommen, fährt er damit fort, es ist wahrlich nicht das erste Mal, dass wir mit diesem Thema konfrontiert werden. Der Vollbart verliert sich nun in einem Monolog, und obwohl wir so gar nicht mit ihm übereinstimmen, ist er uns trotzdem sympathisch. Sie müssten dann auch mal weiter, bricht sein langhaariger Begleiter den Redefluss ab, sie gehen zu ihrem Bus und wir in die andere Richtung, wir hatten von einem Bäcker mitten im Wald gehört, und da wollten wir jetzt … Moment, lassen wir gerade wirklich diesen Bus fahren, der sogar Richtung Norden fährt, dahin, wo wir doch eigentlich hinwollten? Wir drehen uns um und rennen zurück.

Nachdem wir gestern mit der Zukunft gefahren waren, steigen wir nun in die Vergangenheit ein. Alles, wirklich alles sieht so aus oder stammt tatsächlich mindestens aus den Siebzigerjahren. Unter einem Tisch liegt die fünfzehnjährige schwarze Hündin Lina, fast taub und etwas wacklig auf den Beinen. Rotes Leder, dunkles Holz, alte Koffer in der Gepäckablage, ein alter Münzzähler und gerahmte Schwarz-Weiß-Bilder aus dem Film »Casablanca« an den Wänden nehmen den Satz vorweg, den Ketil, so heißt der Vollbart, jetzt sagt: »Ich mag alte Sachen.« Außer sein eigenes Alter, er ist schon Ende vierzig. Früher, da habe er mal gemodelt, da habe er gut ausgesehen, das sei jetzt vorbei. Wir beteuern, dass er immer noch sehr gut aussehe, was nicht gelogen ist, Roman darf ihn trotzdem nur von hinten fotografieren. Einmal startet er einen Versuch von der Seite, bricht das aber schnell wieder ab. Der langhaarige Björn hingegen lächelt sein Grübchenlächeln in die Kamera, ihm ist das egal.

Der Motor ist so laut, dass wir uns schreiend unterhalten müssen. Das läuft dann ungefähr so ab:

»Wir wohnen in der Nähe von Bergen.«

»Was?«

»Wir wohnen in der Nähe von Bergen!«

»Wo?«

»BERGEN!«

»Ah.«

»Wie bitte?«

Da sei es jedenfalls so schön, das würden wir nicht glauben. Wir finden es hier schon ziemlich schön, die Seen werden immer beeindruckender, mit bewaldeten Inseln in der Mitte und hübschen Holzhäusern an den Ufern, ach, langweilig sei das, sagen die beiden Norweger.

Wir fahren schnurgerade Richtung Norden bis kurz vor Östersund, dann biegen wir links ab Richtung norwegische Grenze. Und ohne dass wir das richtig entschieden hätten, fahren wir mit nach Norwegen. Ketil und Björn wollen da in Namsos Björns Tante Britt besuchen, ungefähr 20 Meilen nördlich von Trondheim. Wie weit kann das schon sein, denken wir uns. Erst sehr viel später verstehen wir, dass damit skandinavische Meilen gemeint sind, also 200 Kilometer. Da ist es uns aber auch schon egal, Björn hat einen Karton Weißwein geöffnet, aus dem er immer impulsiver nachschenkt, und durch den einsetzenden Weinschleier sehe ich den Elch sehr viel später als die anderen. Ketil stoppt den Bus, der Elch bleibt stehen, am Rand der Bäume, blickt uns lange an, dann dreht er sich um und trabt leichtfüßig davon.

Mich erfasst eine tiefe Glückseligkeit, im Laufe des Abends erwägen wir, gemeinsam ein Bauernhofkollektiv zu gründen.

Ketil erzählt von all den Tieren, die er mal hatte, und Björn erklärt, warum er humpelt. Er sei betrunken gewesen, da habe ihn ein Typ von einer drei Meter hohen Mauer geschubst, sein Fuß zerbarst in viele kleine Teile, es wird

Der Motor des alten Busses von Ketil und Björn ist so laut, dass wir uns die ganze Fahrt über schreiend unterhalten müssen. Den Hof von Björns Tante Britt in Norwegen erreichen wir erst spät in der Nacht.

wohl nie wieder ganz werden, na, was soll's. Ketil kommt dann zu seinem Lieblingsthema – nein, nicht Flüchtlinge: »Die Menschen sind dumm«, sagt er. Vor allem die Amerikaner. Es hätten mal welche, die in Norwegen Urlaub gemacht hatten, ihr Geld zurückverlangt, weil die Mitternachtssonne dieselbe gewesen sei wie bei ihnen zu Hause. Andere hätten gefragt, wann die Jagdsaison für Trolle losginge. »Für Trolle!« Er wirft lachend den Kopf in den Nacken.

Kaum überqueren wir die norwegische Grenze, erheben sich Berge links und rechts und alles wird eine Spur spektakulärer, wie um den vollmundigen Behauptungen vorhin recht zu geben. Es geht gegen zwei, als wir Namsos erreichen, wir halten an einer Bar, aus der uns jetzt Björns Cousine mit zwei Freundinnen, allesamt betrunken, entgegenläuft. Sie stürmen den Bus, plappern aufgeregt durcheinander und machen Fotos mit ihren Handys, Ketil zieht verschreckt den Kopf ein, es ist auch für uns ein bisschen viel, aber sie gehen zum Glück nach ein paar Minuten wieder, und wenig später rollen wir auf den Hof von Björns Tante.

Mittlerweile sind wir dahintergekommen, dass Björn und Ketil ein Paar sind, trotzdem schläft Björn im Haus, Ketil bleibt im Bus. Wir dürfen uns ein Bett darin aussuchen, es gibt vier, mir wird das größte ganz am Ende zugestanden. Zum Einschlafen läuft »Mord im Orientexpress« und ich träume von sehr viel auf einmal.

Am Morgen bringt Björn Kaffee und Eier, wir frühstücken draußen vor der rot angestrichenen Scheune, natürlich stilecht auf hölzernen Regiestühlen, und fühlen uns alle ziemlich erschlagen. Von hier aus kann man bis auf den Fjord blicken, ja klar, nichts Besonderes, für uns aber schon.

Der siebenundachtzigjährige Juralf kommt zu uns herüber, er sieht und hört schlecht und hat ein wunderbar kindliches Lächeln. Er freut sich über den Besuch und fängt von der alten Zeit an, die ist ja immer ziemlich schnell mit Krieg verbunden. Er erzählt von dem jungen deutschen Soldaten, der eine Bäuerin zu ihrem Hof begleiten sollte, von dem sie vertrieben worden war, die Kühe mussten gemolken werden. Als er da gesessen und gemolken habe, habe er geheult, weil er doch auch nur zu Hause sein wollte, um seine eigenen Kühe zu melken. Und er erzählt von Walter, auch ein deutscher Soldat, den sie verwundet bei sich aufnahmen. Zu seinem achtzehnten Geburtstag habe seine Mutter ihm sogar einen Kuchen gebacken, das habe zu Kriegszeiten schon was bedeutet. Mit achtundfünfzig Jahren sei Walter dann wiedergekommen, mit seiner Frau, er trank Schnaps wie Wasser und sie machten ihm einen neuen Kuchen.

Auch mein Opa war Soldat im Zweiten Weltkrieg. Er kam nach Frankreich, nicht nach Norwegen, und da dann auch ziemlich schnell in Kriegsgefangenschaft. Statt aber Frankreich ab dem Moment zu hassen, fing er an, es zu lieben. Auch Juralf hasst die Deutschen nicht, die sein Land fünf lange Jahre besetzten. Er kramt sogar ein paar deutsche Vokabeln hervor. »Alter Mann«, sagt er, deutet auf sich und schmunzelt.

WASSER SCHWAPPT, FLIESST UND FÄLLT

Kapitel 6 // *Namsos – Gäddede*

Fast 600 Kilometer in den Norden zu brettern, nur fünf Tage seit der letzten Grenze schon wieder die nächste zu überqueren, neue Sprache, neue Währung, plötzlich auf dieser fremden Farm zu sitzen und dann wieder allein loszuziehen, das war schon ein bisschen viel. Eine derart schnelle Fortbewegung sind wir nicht mehr gewohnt. Ein Mann auf Rollskiern fährt an uns vorbei, oder habe ich mir das eingebildet?

Etwas ratlos trampen wir in irgendeine Richtung los, nach beträchtlicher Warterei kommen wir nur wenige Kilometer weit, und weil wir eh nicht wissen, wo wir hinwollen, und es auch schon früher Abend ist, bleiben wir einfach da, wo wir aus dem Auto steigen. Eine kleine Halbinsel züngelt in den Fjord, die habe schon einmal in Brand gestanden, erzählt uns der Student, der uns hierhergefahren hat, jetzt brennt sie nicht, also können wir drauf.

Ein paar grob zusammengehauene Bänke stehen um eine Feuerstelle, es gibt sogar ein Toilettenhäuschen, der Blick geht auf das Wasser, am anderen Ufer ein einzelnes rostrotes Holzhäuschen, im Hintergrund bewaldete Berge. Der Abend fühlt sich an wie ein einziges, langes Ausatmen. Weil diese Feuerstelle schon mal da steht, sammeln wir regenfeuchtes Holz und Reisig zusammen, tatsächlich habe ich bis jetzt eine deutsche Zeitung mit mir herumgetragen, die knüllen wir auch noch rein. Man stelle sich nur vor, wir wären keine sentimentalen Anhänger des Print-Journalismus, sondern fortschrittsbejahende Tablet- oder Smartphone-Leser, wie hätten wir dann unser Feuer anbekommen?

Viel interessanter noch: Wie hätte dann unsere bisherige Reise ausgesehen? Wie oft hätten wir wohl Leute nicht kennengelernt, weil wir schnell auf Google Maps den Weg nachgeschaut oder mal ein bisschen gechattet hätten, wenn uns nach sozialer Interaktion war. Nur kurz diese eine Mail im Hafen-WLAN-Hotspot beantwortet hätten, während das Segelschiff ablegte, auf dem wir hätten mitfahren können. Jedwede Art von Computer zu Hause zu lassen war eine bewusste Entscheidung, und wir bereuen sie keinen einzigen Tag. Sich aus der virtuellen Welt des Internets für eine Weile zu verabschieden hat eine sehr heilsame Wirkung: Man nimmt die reale Welt wieder stärker wahr, man hat auch mehr Zeit dafür – und man merkt, dass man gar nicht so schrecklich viel verpasst, wenn man eine Weile offline geht. Denn mal ehrlich, was haben wir uns mit dem Internet für einen Ort geschaffen? Natürlich einen sehr nützlichen, der uns das Leben extrem erleichtern kann. Die sozialen Netzwerke aber sind zu einer Art immateriellem Paralleluniversum geraten, in dem es uns ein zweites Mal gibt, nur besser. Immer erreichbar, schöner, erfolgreicher, glücklicher, witziger, intelligenter als unsere schnöde körperliche Existenz. Und weil wir uns selbst und alle anderen ständig davon überzeugen wollen, müssen wir ständig da sein, in der virtuellen Welt, um an diesem Bild zu feilen. Guckt mal, wie schnell ich heute gelaufen bin, wie ich hier schon wieder am Flughafen einchecke und welche Online-Petition ich unterschrieben habe. Das freut vor allen Dingen die Betreiber der sozialen Netzwerke, für die wir die Inhalte generieren, zwischen denen sie mit haufenweise Werbeanzeigen haufenweise Geld verdienen. Wir beschweren uns dann darüber, dass sie dafür unsere Daten auslesen, um uns perfekt kuratiert haufenweise Werbung zu zeigen, wir hören aber trotzdem nicht damit auf, immer mehr unserer Daten preiszugeben. Und klar, es ist ja auch praktisch, noch nie war es leichter, Leute auf der ganzen Welt zu erreichen, und wenn wir uns an eine Bequemlichkeit gewöhnt haben, dann geben wir sie ungern wieder auf.
Natürlich ist es unbequem, nun überhaupt keinen Computer dabeizuhaben, vor allem für Roman, der die riesigen Datenmengen seiner Fotos irgendwie auf

Den perfekten Ort für unser Lager finden wir nach einer kurzen Wanderung durch den Wald entlang des Flussufers. Hinter dem Wasserfall malt die Gischt Muster in die Wasseroberfläche.

seine Festplatten kriegen muss. Natürlich braucht man da einen Computer, aber es muss ja nicht unbedingt der eigene sein.

Eine sehr banale Erkenntnis unserer Reise ist:
Wir sind ständig von allem umgeben.

Jeder hat heutzutage ein Smartphone, ein Tablet oder einen Computer – höchstwahrscheinlich sogar alle drei –, und weil die meisten so schockiert sind, dass wir nichts davon dabeihaben, lassen sie uns gerne ihre Geräte benutzen.

Statt allerlei Technik hatten wir ein wenig Outdoor-Ausrüstung eingepackt, und nun, stellen wir fest, ist der triumphale Moment des Feuerstarters gekommen. Dabei handelt es sich um einen Magnesiumstab, an dem man mittels eines kleinen Messers Funken entzündet, das soll auch bei Feuchtigkeit funktionieren, weil dieser Funken irre heiß ist. Also wetzen wir an dem Magnesiumstab rum, zuerst Roman, dann ich, dann wieder Roman, wir erzeugen sehr viele vermutlich irre heiße Funken, nur wollen die sich partout nicht zu einem Feuer auswachsen. Na gut, dann eben doch das Feuerzeug. Das Wasser zieht sich immer weiter zurück und hinterlässt einen schlammigen Strand, auf dem sich später in der Dämmerung die Laternen der Straße spiegeln. Richtig dunkel wird es die ganze Nacht über nicht, und das liegt nicht an den Laternen. Nein, das liegt am Norden, in den wir nun so unvermittelt hineingeraten sind. Die Sonne scheint hier südlich des Polarkreises zwar nie die ganze Nacht lang durch, statt tiefer Finsternis aber legt sich eine dauerhafte Dämmerung über das Land.

Ich hatte ganz vergessen, wie toll so ein Feuer ist. Bislang war es so warm, dass wir gar nicht auf die Idee gekommen waren, eines zu entzünden, jetzt aber starren wir gebannt in die Flammen, genießen die flackernde Wärme im Gesicht und werfen bis weit nach Mitternacht Feuerholz nach. Am Morgen dann gleich noch mal, wir kochen unser Teewasser darauf, pflücken Blaubeeren dazu, die erfreulicherweise wirklich überall zu wachsen scheinen, dann klingelt das Telefon. Nach dem Gespräch blicken wir lange auf die Karten, telefonieren ein zweites Mal und treffen eine Entscheidung. Wir fahren zurück nach Schweden.

Am Telefon waren zwei Freunde, Michi und Karo, sie wollten mit uns Kanu fahren, das hatten wir mal in einer sehr betrunkenen Nacht an der Nordseeküste hitzig beschlossen. Sie erwischten uns an diesem Morgen in einem schwachen Moment. Wir sagten zu.

Das bedeutet zwar einen ordentlichen Südruck für uns, was natürlich unserer Orientierung gen Norden widerspricht, aber es verspricht auch großen Spaß. Sie würden eine knappe Woche brauchen, wir können uns also Zeit lassen.

Lange kommen wir nicht weiter. Wir wechseln zweimal den Kreisverkehr und laufen dann einfach die Straße entlang, je weiter nördlich ihr kommt, desto freundlicher werden die Menschen, hatten uns alle gesagt. So langsam frage ich mich, ob die alle selbst schon mal da waren, weiter im Norden, oder woher nahmen die das? Schließlich ist es auch ein Eritreer und kein Norweger, der uns mitnimmt. Er heißt Solomon, ist seit fünf Jahren hier, über sein Lenkrad hat er einen Stoffüberzug mit bunten Blumenapplikationen gezogen, auf den ich die ganze Fahrt über starren muss. Er hat sich diesen Ort zum Leben nicht ausgesucht, erzählt er, ist aber sehr glücklich. »Norwegen ist so friedlich, ich bin sehr dankbar.« Es klingt fast ein bisschen zu sehr nach Norwegen-PR, aber wer bin ich, zu beurteilen, wie vollkommen einem das hier vorkommen muss, wenn man vor einer schlimmen Diktatur geflüchtet ist? Wir fahren vorbei an Hügeln mit lila Blumen darauf, an schwarzen und weißen Holzhäusern und an Flüssen, in denen Angler in Wathosen stehen. Ich muss an den Imker Martin und seinen Vater Willi aus Dänemark denken, hier irgendwo müssen auch sie gestanden und geangelt haben, und hier irgendwo müssen Willis Überreste nun zu Erde geworden sein.

An einer Tankstelle machen wir Pause, wir setzen uns auf eine Bank neben zwei ältere Herren, einer von ihnen leckt an einem Eis am Stiel. Sie gucken mir zu, wie ich das Schild, mit dem wir getrampt sind, wegpacke, unsere Blicke treffen sich, sie grinsen, ich grinse zurück und sage: »Next one.« Wo es denn hingehe? Nach Schweden. Sie nicken.

Als wir uns später anschicken, zurück zur Straße zu laufen, hält ein Wagen neben uns, darin der Mann mit dem Stieleis, das er natürlich mittlerweile aufgegessen hat. Er hat ein feistes rotes Gesicht und sagt, er könne uns zur Hauptstraße bringen, von dort sei es leichter, er helfe uns gern. Auf halbem

Weg fahren wir an seinem Haus vorbei, er ist Rentner, hat eh nichts zu tun, da könne er uns genauso gut fahren. Wenig später passieren wir ein Schild mit der Aufschrift »Formofossen«, wir sprechen zwar beide kein Norwegisch, von einer Reise durch Island haben wir aber gelernt: *foss* gleich Wasserfall.

Ungefähr die Hälfte aller sogenannten Sehenswürdigkeiten auf Island sind Wasserfälle. Wir hatten auf unserem Roadtrip mit dem schrottigen japanischen Geländewagen einer Autovermietung, die tatsächlich Sadcars hieß, also traurige Autos, demnach genug Gelegenheit gehabt, diese Vokabel zu lernen. Generell scheint es weltweit vor allem zwei Spielarten der Natur zu geben, worauf es sich lohnt, Touristen aufmerksam zu machen: Wasserfälle und Höhlen. Auf unseren Reisen durch Nepal und Südostasien waren uns die Anpreisungen *cave* und *waterfall* in solcher Regelmäßigkeit begegnet, dass unsere anfängliche Begeisterung sehr schnell dem Sarkasmus gewichen war – toll, Wasser, das irgendwo runterfällt; Wahnsinn, ein dunkles Loch. Das Problem waren natürlich nicht die wahrlich sehr schönen, wenn auch immer ähnlichen Naturereignisse, sondern das Brimborium um sie herum. Es ist ein bisschen wie mit Marktschreiern: Wenn mir jemand ins Gesicht brüllt, wie schön etwas ist, dann finde ich es weit weniger schön, als wenn ich es einfach selbst entdeckt hätte. Es muss sich ja immer mit der Lobpreisung messen, mit seiner eigenen Überhöhung also, da kann es nur verlieren.

Norwegen jedenfalls begeht diesen Fehler nicht, zumindest nicht hier. Hier steht einfach nur dieses Schild »Formofossen« den Rest muss man schon selbst hinkriegen. Wir fragen unseren Fahrer, ob es sich tatsächlich um einen Wasserfall handele, er dreht um und fährt auf die kleine Brücke, um ihn uns zu zeigen. Donnernd stürzen sich unter uns die Wassermassen in die Tiefe, sie prallen seitlich gegen eine Felswand, die Gischt steigt in hohen Wolken auf. Für unseren Begleiter ist das natürlich nichts Besonderes, er komme nur im Frühling zur Eisschmelze hierher, das sei schon imposant. Wir bekommen Lust hierzubleiben. Ob man irgendwo gut zelten kann, weiß der Mann nicht, warum auch, er wohnt ja nur ein paar Kilometer entfernt. Egal, da wird schon irgendwas sein, wir verabschieden uns und schlagen einen schmalen Pfad entlang des westlichen Flussufers ein. Das Ufer fällt steil ab, der Pfad führt sehr bald durch einen dicht bewachsenen Wald. Farn fächert sich an langen Stielen auf, dickes Moos hat sich auf Steine, Wurzeln und Hügel gelegt, dazwischen Blaubeeren und leuchtend rote Preiselbeeren.

Wenn hier nun eine kleine Elfe oder ein Troll entlangspaziere, würde mich das kaum wundern.

Nach einer Weile geht es bergab und der Pfad verliert sich in den groben Ufersteinen am Fluss. Weil sich darauf nun wirklich kein Zelt aufstellen lässt, kraxeln wir weiter und gelangen schließlich zu einem zweiten, sehr viel kleineren Wasserfall. Genau da, wo sich eine massive Felszunge dem Wasser in den Weg schiebt, fällt es wenige Meter in die Tiefe, dahinter öffnet sich der Fluss zu einem breiten, trägen Becken. Soweit das Auge reicht, gibt es nur Berge und Bäume zu sehen, es ist großartig.

Auf der am wenigsten schiefen Stelle errichten wir das Zelt, das geht schon so routiniert wie Zähneputzen, dann klassische Rollenverteilung: Roman sucht Treibholz für das Feuer, ich kümmere mich ums Essen. Wir verkochen den letzten Knoblauch, den Martin aus Dänemark uns geschenkt hat, wieder muss ich an ihn denken, so wie ich es auch immer tun muss, wenn ich das Glas mit seinem köstlichen Honig aufschraube, das Roman ehrenhaft für mich in seinem Rucksack trägt.

Wir entzünden das Feuer mitten auf der Felszunge, von da hat man den besten Blick, in der Dämmerung schimmert das glatt geschmirgelte Holz elfenbeinfarben, bis das Feuer es erst schwarz färbt und dann zerfallen lässt. Es ist einer dieser perfekten Momente, und wäre das hier ein Film, dann würde die Kamera jetzt rauszoomen, erhabene Musik würde einsetzen, man würde die wahnsinnige Pracht der Natur um uns sehen und man würde denken, da wäre ich jetzt auch gern. Ich frage mich, wie viele Menschen auf der Welt in diesem Moment wohl gerade an einem genauso perfekten Ort sitzen, irgendwo im Nirgendwo, nicht viele wahrscheinlich. Ich fühle mich plötzlich sehr verbunden mit allem, weder auf eine esoterische noch auf eine religiöse Art, sondern auf eine sehr weltliche. Noch nicht einmal der einsetzende Regen am späten Abend kann unsere Glückseligkeit trüben, ist ja auch schön, wie der aufs Zelt trommelt.

Er fällt auch den ganzen nächsten Tag und bringt Steine, Blätter und Äste zum Klingen. Uns macht er ganz ruhig. Die meiste Zeit liegen wir unter der Plane, die wir vor dem Zelt aufgespannt haben, und beobachten, wie sich das Wasser darauf sammelt, bis es in kleinen Sturzbächen an den Seiten hinabfließt. Und die Regentropfen werden dann Fluss, der Fluss wird Meer, das Meer wird Wolken, die Wolken werden Regen, der Regen wird Trinkwasser, das Trinkwasser wird Schweiß, wird Tränen, wird Kondenswasser, wird Tropfen, wird Pfützen, wird Fluss.

Erst nach zwei Nächten können wir uns losreißen. Kurz vor dem Aufbruch kommt uns fast noch unser Zelt abhanden. Wir haben die Heringe rausgezogen und sind dann noch ein letztes Mal über die Felszunge bis vorne zum donnernden Wasser gegangen, als wir zurückkommen, hängt das Zelt nur noch in den Leinen der Plane wie ein Fähnchen im Wind. Der Regen der letzten zwei Tage hat den Fluss anschwellen lassen, Teile unseres Rückwegs sind nun überschwemmt, auch eine Stelle, die wir zuerst als Zeltplatz erwogen hatten. Wir klettern ein Stück hangaufwärts zurück, es fühlt sich seltsam an, wieder auf der Straße zu stehen.

Es sind kaum Autos unterwegs, auch nicht auf der Hauptstraße, der Regen nimmt zu und wir kauern uns in den Windschatten unserer Rucksäcke. Immer wenn ein Auto kommt – wir können das weit im Voraus sehen, denn die Straße ist sehr lang und sehr leer –, rappeln wir uns auf, ziehen die Kapuzen ab, damit wir nicht gefährlich vermummt aussehen, und setzen zumindest den Ansatz eines Lächelns auf. Niemand soll Angst vor uns haben. Die Frau, die uns endlich mitnimmt, erzählt uns, dass so was in letzter Zeit hier häufiger passiert sei, jemand hielt ein Auto an, weil er zum Beispiel vorgab, eine Autopanne zu haben, dann raubte er die Leute aus. Das käme ständig im Radio; klar haben viele jetzt Angst, Anhalter mitzunehmen, vor allem Männer. Zum Glück sind wir ein Paar und Bonnie und Clyde schon lange tot. »Ihr seid nicht gefährlich genug«, echot es in meinem Kopf.
Wir fahren durch menschenleeres Gebirge und durch eine Gegend namens Sibirien, ein Rentier trabt davon, das nächste Nordklischee bestätigt sich ganz beiläufig.

Und dann sind wir wieder in Schweden, in den Grenzort Gäddede kommen die Norweger, um einzukaufen und Pizza zu essen, ist alles viel billiger als in ihrem

Maria kennt selbst nicht jedes Detail in
ihrem Haus. Zu groß ist es und zu viele
Bewohner hat es schon gesehen.

Land. Wir wollen hier eine Frau besuchen, bei der unsere Freundin Karo vor einiger Zeit für eine Weile zur Freiwilligenarbeit gewohnt hatte, Hand gegen Koje sozusagen. Weil wir ihre Adresse nicht haben, fragen wir uns durch und erfahren, dass sie in einem winzigen Ort ungefähr drei Meilen von hier wohnt, also dreißig Kilometer, wie wir mittlerweile gelernt haben.

Wir halten einen dreckverkrusteten Jeep an und erzählen dem Fahrer, wohin wir wollen, kann ja sein, dass sich hier alle kennen. Ist dann auch tatsächlich so, natürlich kenne er Maria, sagt der weißhaarige Mann in schwarzer Lederjacke, die habe jahrelang in seiner Bäckerei gearbeitet. Seit zwei Jahren habe er sie schon nicht mehr gesehen, das wäre doch jetzt eine gute Gelegenheit, meint er.

Ungefähr eine halbe Stunde später hält er vor einem großen verwitterten Holzhaus, er wartet gar nicht erst darauf, dass uns jemand öffnet, er geht einfach rein, und wir schleppen uns mit unserem Gepäck hinterher. Zunächst stehen wir in einem schwer einzuordnenden Raum, der eine Art Laden zu sein scheint. Secondhandkleider hängen an den Wänden, allerlei Selbstgemachtes von Kräckern bis Lederhandtaschen steht in den Regalen, und weil Lars, unser Fahrer, auch schon nicht mehr hier ist, gehen wir weiter rein, durch noch einen schwer einzuordnenden Raum – etwas zwischen Laden und Manufaktur, es scheint um Seifen zu gehen – in ein großes Wohnzimmer. Ein langer Esstisch steht darin, ein Kamin in der Ecke, Chesterfield-Sofa an der Wand. Kletterpflanzen ranken in dem Raum, mit dem floralen Muster der Tapete gehen sie eine Art optische Täuschung ein, gerade so, als würden die Ranken in die Tapete wachsen, es kommt noch eine Lichterkette von rechts dazu, sehr verwirrend, das alles. Und da sind dann Lars und Maria, sie unterhalten sich auf Schwedisch, es sieht weniger herzlich aus, als ich das bei einem Wiedersehen nach zwei Jahren erwartet hätte. Lars geht auch recht bald wieder, wir hoffen, ihn noch besuchen zu können in seiner Bäckerei.

Gerade ist ziemlich volles Haus. Maria war mit Freunden und Verwandten auf dem »Urkult«, einem Musikfestival ungefähr drei Stunden von hier, sie hat dort ihre selbst gemachten Seifen verkauft und Spaß gehabt, die anderen hatten nur Spaß, danach kamen sie alle mit hierher. Jetzt macht jeder das, worauf er Lust hat, wandern gehen, lesen, die auf dem Festival eingefangene Grippe auskurieren, rumhängen. Alle sind wahnsinnig nett zu uns, wir fühlen uns sofort wohl. Eine ganze Weile lang strengen wir uns an, die verworrenen Beziehungsgeflechte zu verstehen – selber Vater, unterschiedliche Mütter, neuer Mann, Bruder, Freund, die Tochter von der einen und die Töchter von der anderen Frau –, geben das aber bald auf. Ähnlich verhält es sich mit dem Haus: Auf eine mir unverständliche Weise führen Treppen hinauf und hinunter, Türen führen in neue Flure, die zu neuen Zimmern mit Zimmern dahinter führen. Nach drei Nächten in einem Zelt, das gerade so groß ist, dass man sich zu zweit reinlegen kann, ist das schon eine Herausforderung. Marias Tochter Freja, ein blasses Mädchen mit dunklen Locken und Zahnlücke, führt uns zu unserem Zimmer unterm Dach, auch sie ist wahnsinnig nett, und schon auf dem Weg nach oben verliebe ich mich unwiderruflich in dieses Haus. Ein Versuch, das alles zu beschreiben, kann nur scheitern es ist zu viel, zu viele Bilder, zu viele Farben und Muster, zu viele mir fremde Symbole, die auf Wände, Möbel und Türen gemalt sind, zu viele Decken und Kissen, zu viele Steine, Pflanzen und Figuren, und all das, was man sich jetzt vorstellt, ist immer noch zu wenig.

Wenig später sitzen wir vor einem Berg Pfifferlingen die Gustaf und Mikel von ihrer Wanderung mitgebracht haben, und bürsten. Pexo, ein untersetzter Mann mit dünnem grauem Zopf und Marias Mann, aber nicht Frejas Vater, so viel habe ich verstanden, macht Musik an, und langsam trudelt der Rest ein. Für alle ist es vollkommen selbstverständlich, dass wir nun da sind, und für uns irgendwie auch. Nach dem Essen heizt Maria den Boiler an, es wird also warmes Wasser geben, die Jungs gehen in die Sauna im Keller, wir können uns unter der Dusche davor waschen und ihnen dabei zuhören, wie sie sehr schöne schwedische Volkslieder singen.

Der wortkarge Pexo war es, der dieses Haus in den Siebzigern zusammen mit Freunden kaufte, ein ehemaliges Schulwohnheim mitten im Nichts. Eine Weile lief das gut, dann löste sich die Gemeinschaft langsam auf. »Als ich hierhergezogen bin, waren hier zwei alte Männer, fünf Teenager, ein großer weißer Hund und zwei sehr haarige Katzen«, erzählt Maria. Der andere Mann war Gunnar, seine Frau war bei einem Rollerunfall gestorben, Pexos Frau war gegangen, inzwischen ist auch Gunnar tot, Prostatakrebs. Die Kinder sind erwachsen und nur noch ab und an zu Besuch da. es ist nun recht still zu zweit in diesem Haus, in dem auch zehn Menschen locker wohnen könnten.

Saisonaler Tunnbröd-Bäcker: Lars.

»Es ist sehr einsam hier«, sagt Maria. »Hier musst du selbst etwas machen, sonst passiert nichts.« Sie ist anders als die anderen Leute in dieser Ansammlung von Häusern am See, die man nur mit Wohlwollen Dorf nennen kann. Für die anderen ist sie etwas, womit sie nichts anfangen können, ein Hippie. Also meldete sie sich bei der Website workaway an, nun kommen das ganze Jahr über Freiwillige her und helfen mit beim Holzhacken, Seifenmachen, Pilzesammeln, Ladenschmeißen. Wir sitzen zusammen in der Sonne auf der Terrasse mit Blick auf den See, die Festivalleute sind abgereist, Pexo ächzt unter einer schleimigen Grippe, manchmal schlurft er in die Küche und steht dann minutenlang da, auf die Arbeitsplatte gestützt, und atmet schwer. Die meiste Zeit aber spielt er Solitär am Computer oder schaut fern.

Beim Abendessen erzählt Maria, Pexo sei einer der ersten DJs in Stockholm gewesen, und drängt ihn, die »Nonnengeschichte« zu erzählen. Ok, ok. Früher, da habe er viele Clubs im mediterranen Raum eröffnet, Spanien, Israel, Kanaren und so. Als er und sein Kollege von Malaga auf die Kanaren fliegen wollten, hätten sie zu viel Gewicht dabeigehabt, wegen der ganzen Platten. Also hätten sie die Gruppe hinter sich am Check-in gefragt, ob sie ein paar Platten in ihren Taschen mitnehmen könnten, und das seien eben alles Nonnen gewesen. Wenn man so will, war es also die Kirche, die die Disco-Musik auf die Kanaren brachte.

Am nächsten Tag hilft Roman Maria, die Seifen für ihren Online-Shop zu fotografieren, dafür fährt sie uns zu Lars' Bäckerei. Die versteckt sich in einem ziemlich heruntergekommenen Gebäude in einer weiteren, kaum nennenswerten Häuseransammlung hinter ein paar Hügeln hinter dem See. Wir kommen gerade zu Produktionsende, ein paar der Maschinen laufen noch rappelnd, ein letzter Teigklumpen wird erst rund gerollt, dann flach gewalzt, von Hand gedreht, wieder gewalzt, perforiert, gebacken und dann eigentlich eingepackt, würde Lars den großen Fladen nicht aus dem Kreislauf lösen und uns in die Hand drücken. Er ist hauchdünn, deswegen heißt er auch *tunnbröd*, Dünnbrot. Darin ist nur Gerste, Roggen, Weizen, Milchpulver, Salz und Wasser. Er sei der Einzige in Schweden, der Bio-*tunnbröd* herstelle, erzählt Lars, er verkauft es im ganzen Land. Auf ihm liegt, wie auf allem hier, ein feiner Mehlfilm, er sieht müde aus und seufzt erleichtert auf, als er die Maschinen abstellt. Das Gebäude ist seine alte Schule, bis zur fünften Klasse lernte er da, wo jetzt die lauten Maschinen stehen, Rechnen und Schreiben, dann wurde die Schule dichtgemacht.

Eigentlich wohnt er schon lange in Kalifornien, also ungefähr in dem direkten Gegenteil zu diesem schwedischen Niemandsland, aber er kommt immer noch jeden Frühling und jeden Herbst, dann ist Backzeit, erzählt er. Seine beiden Mitarbeiter Cody und Jonathan hat er aus den Staaten mitgebracht, zwei Typen, die wie der jeweilige Klon des anderen aussehen – runder Bauch, hängende Schultern, Vollbart, Brille, Kopftuch –, sie sind aber nicht mal entfernt miteinander verwandt.

Wir verstehen zwar nicht, was Maria und Lars auf Schwedisch miteinander reden, aber immerhin reden sie und wir haben das Gefühl, dass vielleicht keine zwei Jahre mehr vergehen werden, bis sie sich wiedersehen. Lars hat zwei Tüten vorbereitet, prall gefüllt mit *tunnbröd*, eine davon schenkt er uns, eine Maria, sie freut sich.

Dann bringt sie uns runter zur Hauptstraße – ein Euphemismus für diesen gähnend leeren Streifen Asphalt. Wir wollen nach Lit trampen, gut 200 Kilometer von hier, dort wollen wir uns mit unseren Freunden treffen. Es beginnt zu regnen und wird plötzlich sehr schnell sehr kalt. Es passiert nichts, außer dass es später, nasser und kälter wird. Ich erinnere mich an eine Geschichte, die Maria uns erzählte: Eines Winters fuhr sie mit dem Auto von der Bäckerei nach Hause. Es lag hoher Schnee und sie blieb stecken. Stundenlang stapfte sie durch den Schnee, stundenlang sah sie kein anderes Auto, es war sehr kalt und sie war sehr allein. Irgendwann, als sie nicht mehr konnte, flehte sie: »Bitte, bitte, bitte, liebes Universum, wenn du mir jetzt ein Auto schickst, dann werde ich dir auf ewig dankbar sein.«

Man möge das glauben oder nicht, aber kurz darauf fuhr tatsächlich ein Freund mit seinem Auto um die Ecke und nahm sie mit.

Warum ich das erzähle? Nun, weil ich in meiner aufkommenden Verzweiflung jetzt genau das Gleiche mache. Ich sage: »Bitte, bitte, bitte, liebes Universum«, ganz leise, weil ich mir sonst vor mir selbst lächerlich vorkommen würde, weil ich da natürlich überhaupt nicht dran glaube. Tja, und man möge das nun glauben oder nicht, aber tatsächlich kommt ein Auto, es hält, und dreimal dürfen Sie raten, wo es hinfährt.

Richtig.

Cody und Jonathan sind für den Job in der Bäckerei extra aus den USA angereist.

DAS SUBLIME
NICHTSTUN

Kapitel 7 // **Lit – Fjäll**

Es knackt und knistert, wenn man genau hinhört. Still ist es nur, wenn man sich keine Mühe gibt. Ameisen schleppen den Boden von links nach rechts, Mücken schwirren durch die Luft und prallen mit einem leichten »pack« gegen die Zeltwand. Dann und wann schnappt ein Fisch glucksend nach einem Insekt an der Wasseroberfläche, ein Windstoß fährt leise rauschend durch das Geäst der Bäume. Eine Maus wühlt sich zu den Essensvorräten, etwas fällt zu Boden, vielleicht ein Tannenzapfen? Und dann die Sonne. Sie lässt das gelbe Innenzelt leuchten, nicht blendend, sanft wie eine Wärmelampe. Alles ist erleuchtet. Darin der Schlafsack, jetzt fast ein bisschen zu warm, aber so gemütlich, als hätte man eine Daunenbettdecke um sich gewickelt. Wie jeden Morgen hat er ein paar Federn gelassen, die nun, bei den ersten zaghaften Bewegungen des Tages, sacht aufwehen und schaukelnd wieder herabsinken. Unmöglich, einfach aufzustehen. Aber den Kokon einen Spalt öffnen, als erstes Zugeständnis an die Außenwelt, das ginge. Nur den Arm ein wenig ausstrecken und den Reißverschluss aufziehen. Frische Luft verdrängt die verbrauchte der Nacht, blinzeln, da glitzert der See. Von links wehen die Stimmen unserer Freunde herüber, der Gaskocher zischt, Wasser plätschert in einen Topf. Man könnte jetzt aufstehen und da rübergehen, man könnte aber auch liegen bleiben, bis der Duft des Kaffees es hierher geschafft hat.

Ich habe Zelten immer gehasst. Meine Erfahrungen waren einschlägig schlecht. Und das lag nicht an anstrengenden Campingurlauben mit der Familie, meine Eltern habe ich nie auch nur in der Nähe eines Zeltes gesehen, das höchste der Gefühle war mal ein Wohnwagen in Südfrankreich gewesen, und das machten wir einmal und nie wieder. Aber Kinder müssen ja irgendwann alles anders machen als die Eltern, und so brockte ich mir meine Zelterfahrungen selbst ein. Mit fünfzehn hatte ich mit meinem ersten richtigen Freund in einem Iglu-Zelt geknutscht, ständig hingen wir mit den Köpfen in der Zeltwand, die Haare luden sich auf, man konnte das natürlich auch von außen sehen, und da wir von innen ja auch alles hören konnten, hörten wir das Kichern und die anzüglichen Witze der anderen, es war nicht schön. Mit achtzehn fuhr ich in die Bretagne, zelten, zwei Wochen lang hatte ich jeden Morgen das Gefühl zu ersticken. Zelten auf Festivals ist ja sowieso eine Sache für sich: Nachts rennt mit Sicherheit jemand in die Leinen, wenn es regnet – und das tut es auf deutschen Festivals fast immer –, läuft das ganze Ding voll, denn natürlich hat man nur so ein Billigteil aus dem Supermarkt. Der letzte große Fehler, den Roman und ich in dieser Richtung gemacht hatten, war die Anschaffung eines sogenannten Wurfzeltes gewesen. Das ist ja praktisch, dachten wir uns, man wirft es einfach, »schnack«, und es steht. Ich verbrachte dann ungefähr eine Stunde mit meinem Mitbewohner, einem Ingenieur, in unserem (sehr engen) Flur bei dem Versuch, dieses Mistding wieder zusammenzufalten. Ständig sprang es auf, sprang uns ins Gesicht, wollte einfach nicht mehr in die Hülle passen, es war zum Verzweifeln.
Ich war also nicht sonderlich scharf darauf gewesen, eine längere Zeit in einem Zelt zu verbringen. Zumal das Modell, das wir dabeihaben, maximal klein ist: Wir passen gerade zu zweit rein; wenn beide gleichzeitig sitzen wollen, ist das schon eine Herausforderung, eigentlich geht nur liegen richtig gut. Dass Roman knapp zwei Meter groß ist, macht das Unterfangen nicht einfacher. Die Rucksäcke müssen aus Platzgründen draußen bleiben, sie passen gerade so unter das Außenzelt, richtig komfortabel ist das alles natürlich nicht. Ich hatte mich also darauf eingestellt, immer schlecht und kurz zu schlafen und dieses Zelt zu hassen. Ich konnte es anfangs gar nicht fassen, als ich es gemütlich fand,

Mit unseren Freunden Michael und Karoline
(unten) fallen wir für eine Woche aus der Zeit.
Das Allerbeste an unserer Kanutour: nichts zu
müssen, nichts zu wollen.

als ich lange und tief schlief, als ich mich sogar auf die Nächte darin freute. Jedes Mal sind wir aufs Neue begeistert, wenn wir das Zelt abbauen, wenn es mühelos in seine winzig kleine Hülle gleitet, wenn es im Rucksack kaum Platz wegnimmt. Und wie undenkbar ist es, dass es plötzlich kaputt- oder verloren ginge. Wenn man nicht viel hat, dann geht man mit dem wenigen, das man hat, extra sorgsam um, denn da ist nichts, was es ersetzen könnte.

Der Kaffee duftet, ich schäle mich also jetzt aus meinem Kokon, noch etwas widerwillig, schlurfe über weiche Tannennadeln, feine Ästchen und Tannenzapfen rüber zu der Feuerstelle, dahin, wo wir eines der grünen Kanus zu einer Rückenlehne aufgebockt haben, dahin, wo Michi und Karo Blaubeerpfannkuchen braten.

Dass wir auf dieser menschenleeren Insel sind, mitten in diesem menschenleeren See, es erscheint mir fast surreal.

Wir hatten uns spät am Abend getroffen, wir aus Norden trampend, sie aus Süden fahrend, wir hatten am Feuer gesessen, bis es hell wurde, und unsere Freundschaft begossen. Wie unglaublich gut es tat, sich nicht erklären zu müssen, keine anfängliche Scheu zu überwinden, einfach nur zusammen zu sein, wie sonst. Es begann gewissermaßen ein Urlaub im Urlaub. Am nächsten Tag klapperten wir einige Kanuverleihe ab, man mag es kaum glauben, aber es gab fast keine, und die, die es gab, waren entweder ausgebucht oder geschlossen. Nach einer endlos langen Schotterpiste, links und rechts nur Nadelwald, löste Roman Michi am Steuer ab, setzte das Auto bald darauf rückwärts an eine Laterne, es lief nicht so richtig gut. Als wir schon nicht mehr daran glaubten, erzählten uns zwei Tankstellenangestellte von dem *fiskecamp*, dem Angelcampingplatz, da gebe es Boote, in der Abenddämmerung glitten wir dann in zwei Kanus Richtung Einsamkeit und es begann die Zeit, in der die Zeit egal war.

Das Allerbeste hieran ist nämlich nicht das Paddeln, das Angeln, Beerensammeln, Feuermachen, Umherstreifen, Pilzesuchen, Schnitzen, Lesen, Baden, Lageraufschlagen oder das Rumhängen. Nein, das Allerbeste ist, nichts zu müssen, nichts zu wollen.
Wenn ich jetzt zurückdenke an die Wochen vor unserem Aufbruch, dann ist es keine schöne Erinnerung. Wir rannten beide unseren Deadlines hinterher,

waren ständig unterwegs, arbeiteten die Wochenenden durch, mein Körper fühlte sich zu dieser Zeit an, als würde er vibrieren. Das Verrückte daran ist, dass das in unserem Umfeld überhaupt nicht ungewöhnlich ist. Stress, Vorbereitungen am Wochenende, E-Mails spätabends auf dem Handy beantworten, ja, dann eben den Sport ausfallen lassen, das alles ist total normal. Selbst im Urlaub entspannen viele nicht mehr, man muss ja nach Vietnam oder Kuba und das Land mal schnell in zwei Wochen begreifen, einfach weil man das kann. So etwas wie Müßiggang, das klingt in der heutigen Zeit altbacken, das klingt nach Eichendorffs Taugenichts, nach Hermann Hesse, nach vergangenen Zeiten. »Galt es einst als Zeichen von Urbanität, von Lebensmeisterschaft, wenn man seine Muße hervorkehren und sie gleichsam als Gewinn ›ausstellen‹ konnte, so gilt es heute als zeitgemäß, wenn man sich auf seine Arbeitslast beruft, seine Arbeitswut hervorkehrt«, schrieb Siegfried Lenz, und das schon in den Sechzigerjahren. Herzinfarkt als Adelung eines stetigen Produktivitätsdrangs. Bei all der Raserei geht uns aber nicht nur unsere Gesundheit verloren – allein diese Formulierung erinnert ja schon wieder an Oma und Opa –, sondern auch unsere Kultur. »Der zerstreuungssüchtige Konsument, der Abnehmer von Kurzweil, wird bei allem verbissenen Fleiß nie in der Lage sein, Kultur hervorzubringen, da ihm das sublime Nichtstun unbekannt ist«, schrieb Lenz. Ich erinnere mich noch genau an den Tag, als sein Schwarz-Weiß-Foto alle Nachrichtenkanäle dominierte, 2014, es war der Tag, an dem er gestorben war. Erst kurz zuvor hatte ich seine Novelle »Schweigeminute« gelesen. Als er diese Zeilen in den Sechzigerjahren also schrieb, konnte er noch gar nicht ahnen, was die Digitalisierung der Welt mit der Gesellschaft machen würde. Sie schuf Menschen, die immerzu auf Bildschirme starren, im Sitzen, Stehen, Liegen, und sich betäuben lassen.

Vor unserer Abreise hatten wir auch auf Bildschirme gestarrt und uns eher belustigende als erhellende Videos sogenannter »Bushcrafter« angeschaut, die einem zeigten, wie man eine Nacht ohne alles im Wald überlebt oder wie man die Himmelsrichtung nur mit einem Stock bestimmt. Solche Leute sind wir nicht, müssen wir aber auch gar nicht sein. Wir probieren einfach ein bisschen rum, wir haben ja Zeit. Jeden Tag bauen wir die Feuerstelle ein bisschen anders, schichten das Holz besser, finden heraus, welcher Zunder am besten geht (Birkenrinde und ein strähniger Baumpilz), Michi sägt einen Kocher aus

einer Bierdose, Roman brät im zweiten Anlauf erfolgreich ein Ei auf einem im Feuer erhitzten Stein, und Karo erfindet die beste Marmelade (zerstampfte Blaubeeren mit Honig).

Ganz langsam lassen wir jeden Tag den Morgen zum Mittag werden, aus Blaubeerpfannkuchen werden Käsepfannkuchen, ansonsten ändert sich nicht viel. Die Sonne erreicht ihre maximale Strahlkraft und reicht für kurze Hosen, sie ist sogar so heiß, dass sie uns an einigen Tagen dazu verlockt, im eiskalten Wasser zu baden. Das sieht dann sehr ungelenk aus, auf den glitschigen Steinen am Grund läuft es sich schlecht, die heraufkriechende Kälte krümmt den Rücken und raubt den Atem, wenn man sich endlich dazu durchgerungen hat, ganz reinzuspringen. Danach vielleicht ein zweiter Kaffeeaufguss, den beiden Kranichen bei ihrem Flug über den See zusehen, in der Hängematte lesen.

Am Nachmittag dann der Aufbruch, Zelte abbauen, alles in den wasserdichten Plastikfässern verstauen, Boote ins Wasser schieben, mit einem letzten Hops hineinspringen, einen Moment dieses geräuschlose Gleiten auskosten, dann paddeln, einer links, einer rechts, so lange, bis man die Seite tauschen muss, weil der Arm lahm wird. Mit der Steuerung ist das so eine Sache, Roman, der über ausreichend Kanu-Erfahrungen verfügt, hält uns problemlos auf Kurs, ich hingegen habe damit meine liebe Not und bevorzuge daher die vordere Position, als Motor. So gleiten wir dann dahin, um uns herum nur Wasser und Bäume, hinten an den Kanus hängen die Angeln, aber das einzige Mal, dass es daran ruckt, ist, als sich der Blinker in den Steinen am Grund verfangen hat. Eigentlich waren uns diese Gewässer als »hechtverseucht« angekündigt worden, ich hatte mir sogar ein Basecap mit einem aufgestickten Hecht vorne gekauft, als Glücksbringer sozusagen, aber nichts. Heimlich freut mich das ja, denn eigentlich will ich keinem Fisch beim Sterben zusehen.

An Tagen mit Rückenwind müssen wir kaum etwas tun, bei Gegenwind schlagen uns für einen See beeindruckende Wellen unter den Bug, es wird dann sehr schaukelig und sehr anstrengend, wobei auch das eine gewisse Freude in sich birgt, mal ein bisschen kämpfen und überlegt navigieren. Bevor wir uns verausgaben können, halten wir schon nach einem neuen Lagerplatz Ausschau. Windgeschützt, Sonne sollte er haben, vielleicht einen kleinen Strand, möglichst keinen Ameisenhaufen in der Nähe und flach muss er sein, damit wir unsere Zelte aufschlagen können. Haben wir einen solchen Ort gefunden, gibt es erst mal eine ganze Menge zu tun: Lager errichten, Feuerholz sammeln, Feuerstelle bauen, Blaubeerdichte ermessen (immer hoch), Fischdichte ermessen (immer niedrig), Pilze sammeln und versuchen zu bestimmen und die nähere Umgebung erkunden.

Es hat etwas sehr Befriedigendes, sich mit solch elementaren Aufgaben zu beschäftigen. Da gibt es nicht viel zu hinterfragen oder zu zweifeln, das muss einfach gemacht werden, sonst hat man keinen Platz zum Schlafen oder nichts zu essen.

> **Ich sammle Beeren, also habe ich Beeren zum Essen, ich sammle keine Beeren, also kann ich auch keine essen.**

Und man erfreut sich an sehr einfachen Dingen, zum Beispiel an einer winzig kleinen Insel, eigentlich nur einem dicken Felsen im Wasser mit ein paar knorrigen Bäumen darauf. Es wird Romans neuer Lieblingsort. Da ist wirklich nichts außer Ruhe und Einsamkeit, man kann sich auf den Stein legen und träumen, von Häuschen etwa, die man darauf bauen könnte, verbunden mit schmalen Holzstegen, mitten im See. Warum eigentlich nicht?

Wenn sich der Tag gen Abend neigt, wird es kalt. Schicht um Schicht ziehen wir uns wärmer an und nähern uns immer mehr der Feuerstelle, bis wir mit Mützen und Jacken um die Flammen herumsitzen, Töpfe mit Nudeln oder Gemüse hineinschieben, Kartoffeln in die Glut legen oder Stockbrot darüber rösten. Das tänzelnde Feuer lockert die Gedanken stundenlang kann man da reingucken, ohne dass es langweilig wird, jeden Abend. Das Dosenbier, das Michi und Karo aus Deutschland mitgebracht haben, ist viel zu schnell leer, der Mond aber wird von Nacht zu Nacht voller, leuchtet zarte Wölkchen dramatisch an und spiegelt sich fast zu malerisch auf dem Wasser. Und am letzten Abend fängt Michi dann doch noch einen Fisch. Fasziniert blicken wir alle auf das sich am Boden windende Wesen, es tut mir unwillkürlich leid. Gegen Mitternacht schmort es in einer Alufolie über dem Feuer und ich tröste mich mit dem Gedanken, dass dieser Fisch mit dem großen Schlund sonst sicher andere, kleinere Fische gefressen hätte, dass es also okay ist, dass er nun selbst gegessen wird. Einen letzten langen Abend sitzen wir um die Flammen, die große leere Weite des Sees um uns herum, und kommen einem Gefühl von Freiheit sehr nah.

Auch eine Zeit ohne Zeit geht irgendwann mal vorbei. Wir vier aus der Wildnis Zurückgekehrten sitzen mit Michael – grün-schwarz karierte Fleecejacke, graue Arbeiterhose, randlose Brille – im Wintergarten und trinken Schnaps, Psenner Old Williams, alle zwei Jahre bringt ihm ein Freund davon sechs Flaschen aus Südtirol mit. Ihm gehört dieser Campingplatz irgendwo im Nirgendwo, hier hatten wir die Kanus ausgeliehen, und eigentlich hatten wir bloß einen Abschiedsschnaps trinken wollen, doch es wurden ziemlich schnell mehr daraus, und schon bald ahnte ich, dass wir hier versacken würden. Der Alkohol lockert uns die Zungen und Michael kommt ins Erzählen. Ursprünglich stammt er aus Nordrhein-Westfalen, er war mal einer von diesen Business-Typen, die um die Welt jetten, Unternehmens-IT. Dazu das ganze Programm – »Haus, Familie, Hund, Katze, Maus.« Er hatte irgendwann keinen Bock mehr auf den Stress-Job, die Ehe hielt nicht; sobald die Jungs aus dem Haus waren, ging auch er. Jetzt ist er hier. Das alte Smartphone hat er nicht mehr, der Campingplatz hat seine Stammkunden, mehr will er nicht. »Wenn hier irgendwann zu viele Leute hinkommen sollten, bin ich wieder weg«, sagt er.

Regen kommt und geht, ein Regenbogen erscheint, wird größer und verschwindet wieder. Michael kennt sich aus mit Ausbrüchen. Als er Anfang zwanzig war, fuhr er Lastwagen nach Nepal, um sie dort zu verkaufen. Er lud sie voll mit Möbeln, Fernsehern und Teppichen, fuhr damit quer durch den Nahen Osten und verkaufte die Ladung auf dem Weg. Rau und furchtlos musste man dafür sein, für diese langen Wege durch diese fremden Länder mit diesen fremden Regeln. Ich weiß nicht, ob Michael das wirklich war, rau und furchtlos, aber er machte es eben einfach, bretterte mit alten Schrottwagen quer um die Welt, schmierte Zöllner und feilschte mit Grenzern. Er lächelt in Erinnerung an die alten Geschichten.

»Was ist das Erste, was ein türkischer Polizist zu dir sagt, wenn er dich anhält?« Wir zucken mit den Schultern.

»Marlboro!«

Und in Nepal dann, da bekam man überall, wo man hingefahren ist, Büffel und Schnaps, »immer Büffel und Schnaps«, er lacht. Er hat jetzt zwar kein Büffelfleisch da, legt dafür aber eine grobe Wurst auf den Tisch und stellt eine neue Schnapsflasche daneben. Ich habe längst aufgehört, die Runden zu zählen, auch Michi, unser Fahrer, hat mitgetrunken, wir werden also hierbleiben. Vier Jahre lebte Michael in Kathmandu, es war die Zeit, als die Hippies Nepal schon für sich entdeckt hatten und sich in der berüchtigten Freak Street mit Gras volldröhnten, »Idioten sind da rumgelaufen, Mann, Mann, Mann«, sagt Michael. Nachts übernahmen die Hunderotten die Macht in Kathmandus Straßen, gefährliche Gangs, die jeden knurrend und zähnefletschend verfolgten, der ihnen in die Quere kam. Wenn er nachts berauscht vom Rakshi, dem nepalesischen Reiswein, mit dem Fahrrad nach Hause fuhr, nahm er zur Verteidigung immer Backsteine mit. Wir erzählen ihm, dass sich daran bis heute nichts geändert hat, auch wir wurden auf einer Reise in Kathmandu von Hundegangs verfolgt. Eines Nachts war Roman zum Fotografieren losgezogen, kein Mensch war draußen, der Strom war mal wieder ausgefallen, es war finster. Da hatte es in jeder Seitenstraße angefangen zu bellen, immer mehr Hunde hatten sich an seine Fersen gehängt, immer lauter wurde ihr Bellen, bis er sich in ein Taxi geflüchtet hatte.

Wir gehen jetzt zu Bier über, Michael taut Elchfleisch auf, wir werfen Nudeln und Gemüse zusammen, dann kommen die »trouble sisters«, zwei vergnügte hellblonde Dauercamperinnen, um sich das Olympia-Frauenfußballfinale Schweden gegen Deutschland anzuschauen. Wir gucken mit, können gar nicht so recht folgen, wahrscheinlich der Schnaps. Deutschland gewinnt dank eines Eigentors zwei zu eins. Wir sind plötzlich alle sehr müde, und da wir ja immer noch nicht wissen, wo wir überhaupt schlafen, murmeln wir, dass wir nun irgendwo unsere Zelte aufbauen würden. Da verschwindet Michael um die Ecke, kehrt wenig später mit einem Schlüssel zurück, lässt ihn in Romans Hand fallen, »letzte Hütte in der Reihe«, sagt er. Wir brauchen einen Moment, um das zu verstehen, »er ist ein Engel!«, ruft da schon eine der Schwestern verzückt.

Roman bedankt sich am besten von uns allen, er hilft Michael am nächsten Morgen beim Holzhacken. Als ich zu ihnen stoße, sind beide verschwitzt und Michael hat sich sein T-Shirt am Bauch aufgerissen. Nach Kaffee mit aufgeschäumter Milch brechen wir auf, aber nicht zurück zur Hauptstraße, sondern weiter die kleine Straße hoch, vorbei an den letzten Häusern, Richtung Fjäll. Fjäll nennt man in Skandinavien alles, was oberhalb der Waldgrenze liegt und von Gletschern in hügelige grüne Landschaften gepresst wurde. Der Fjäll, der oberhalb von Michaels Campingplatz liegt, ist das Gebiet der Samen, der einzigen Ureinwohner Europas. Und dort machen sie auch noch das, was man

In der nordschwedischen Landschaft kommt man zur Ruhe.
Michael, der Besitzer des Campingplatzes, von dem wir unsere
Kanus ausgeliehen hatten, nutzt dieses Ende der Zivilisation,
um zu meditieren.

klischeehaft mit ihnen verbindet: Rentiere züchten. Tatsächlich tun das nur noch ungefähr zehn Prozent der insgesamt knapp 80 000 Samen. Die Samen ereilte ein ähnliches Schicksal wie viele indigene Gruppen weltweit, ihre Traditionen sind vor allem Gegenstand von Reiseprospekten und Gruppenreiseangeboten und ihre traditionelle Tracht ziehen sie auch eher für die Fotos an als für sich selbst. Morgen, da würden die da oben einen offenen Gottesdienst feiern, hatte Michael erzählt, das würde sicher nett werden. Also hatten wir uns für den nächsten Tag mit ihm verabredet, wir wollten die Nacht weiter oben an einem See verbringen, wir würden uns morgens an der Straße treffen. Von dem See bekomme ich dann nicht so viel mit, ich verbringe meine Zeit dort vor allem in eine Decke gehüllt in der Sonne liegend, weil ich nun endgültig einer Erkältung erliege, die mich schon seit ein paar Tagen zu bezwingen versucht. Die anderen angeln, Roman fängt sogar zwei Saiblinge, die er aber für zu klein befindet und wieder freilässt, vor allem ziehen sie allerlei Köder und Angelschnüre aus dem Wasser. Wir beschließen, in der Schutzhütte zu schlafen, die an dem See steht, einem dreiwändigen Bretterverschlag mit allerlei eingeritzten Botschaften. Vor die Öffnung spannen wir eine Plane, mit Steinen hauen wir die herausstehenden Nägel in den Boden, der Lärm muss kilometerweit über die Ebene hallen. Es ist kalt, wir kriechen tief in unsere Schlafsäcke.

Um halb neun am nächsten Morgen stehen wir an der Schotterstraße in Erwartung von Michaels weißem Land Rover, Karo und Michi lassen wir in der Schutzhütte zurück, sie wollen zur Ostküste weiterreisen. Zunächst hält erst mal ein rappeliger Kombi, daraus steigt ein Same (er trägt keine traditionelle Tracht) und fragt uns, wo wir hinwollen. Die Bärenjagd habe gerade begonnen, erzählt er, auch hier gebe es Bären, er gehe aber nur auf Elche. Auf Bären gehen vor allem die Reichen, die Jagdlizenzen sind teuer, hatte Michael uns schon erzählt. Mit Helikoptern lassen sie sich in die Wildnis fliegen, bequem soll es sein, ein wildes Tier zu töten. Auch der Same jagt nicht allein, er öffnet seinen Kofferraum, von dort starrt uns sein großer pelziger Elchhund skeptisch an.

Dann kommt Michael, wir schmeißen unsere Rucksäcke auf die Ladefläche und springen rein. Ziemlich bald halten wir vor einer Schranke, ein sehr kleiner alter Mann öffnet sie (auch er trägt keine traditionelle Tracht), von ihm erfahren wir, dass der Gottesdienst doch erst zwei Stunden später beginnt als gedacht.

Die Landschaft wird nun immer karger, kleine knorrige Bäumchen weichen Sträuchern und Moosen, der Boden changiert zwischen Grün und Rot, am Horizont zeichnen sich Berge ab. Das Samen-Dorf, das wir bald passieren, ist eine Ansammlung von Hütten, vor einer bellt ein schwarz-weißer Hund, die Tür öffnet sich einen Spalt und er verschwindet nach drinnen. Im Winter komme man hier nur mit dem Schneemobil hin, erzählt Michael, jeder hier hat so eins. Es fällt uns schwer, sich das alles unter einer meterhohen Schnee-decke vorzustellen. Aber da ganz hinten, ein Stück weiter oben in den Bergen, da erspähen wir einen Schneefleck, auch jetzt im Sommer, und weil wir nun noch zwei Stunden bis zum Gottesdienst zu überbrücken haben, beschließen wir, dorthin zu wandern.

Es ist eine Landschaft, in der sich Entfernungen schwer abschätzen lassen. In sanften Wellen zieht sie sich einem Gebirge entgegen, Felsen sprenkeln den moosgrünen Grund, dann und wann plätschert ein kleiner Bach hindurch. Da, wo der Boden feuchter wird, wackeln zarte Sumpfgrashalme im Wind, an ihren Köpfen halten sie weiße Puschel, es sieht aus, als klammerten sie sich an die letzten Schneeflocken. Die Blaubeeren sind hier oben nur noch johannisbeer-groß, sie schmecken sauer, wie eine verdichtete Form ihrer murmelgroßen Verwandten in tieferen Höhenlagen. Wir streifen hindurch, dann und wann bücken wir uns zu einer der tiefblauen Beeren und zerdrücken sie mit der Zunge am Gaumen.

»Hier hätte ich Lust, mal einen Sommer für drei Wochen zu verschwinden«, sagt Michael. Wir spinnen ein bisschen rum, dass wir ihn ja dann so lange auf dem Campingplatz vertreten könnten, und berauscht von diesen Gedan-ken läuft es sich noch ein bisschen beschwingter. Wir entdecken eine orange leuchtende Beere am Boden, eine Moltebeere, erklärt Michael. Wir hatten schon davon gehört, sie aber noch nirgends wachsen sehen. Sie tut das nur im Norden und auch da extrem selten, eine Pflanze trägt eine Frucht, die, wenn sie reif ist, so weich wird, dass man sie beim Pflücken leicht zerdrückt, sie ist die teuerste wild gesammelte Beere überhaupt. Vor der stehen wir also, pflücken sie zaghaft von ihrem Stängel. Sie schmeckt nicht mal besonders gut, bitter-säuerlich, aber so muss das wahrscheinlich sein mit echten Delikates-sen, man muss sich ihren Geschmack erst erarbeiten.

Wir machen einen Bogen um einen weiß bepuschelten Sumpf, erklimmen einen Hang und können nun langsam das Schneefeld von Nahem sehen. Und da erst bemerken wir, dass unser Platz bereits besetzt ist. Sechs Rentiere haben sich darauf niedergelassen, ihnen ist es ganz offensichtlich zu warm, jedenfalls scheint jedes von ihnen gerne auf dem bisschen Schnee liegen zu wollen. So unauffällig wie möglich pirschen wir uns näher ran, aber sie haben einen Späher aufgestellt, der wendet uns ziemlich schnell sein eindrucksvolles Geweih zu, alle anderen tun das auch, sie stehen auf und warten. Sie scheinen nun abzuwägen, wie gefährlich wir ihnen werden könnten, grundlos wollen sie ihren Schneeplatz nicht so einfach räumen. Als wir näher kommen, traben sie los, aber nicht von uns weg, sondern auf uns zu, dann seitlich an uns vorbei an einer Felswand entlang, vor der sie in der Bewegung eingefroren wie eine Höhlenmalerei aussähen, zur nächsten Anhöhe. Dort halten sie und drehen uns alle ihre Geweihe zu. Nun, da sie sich gegen den Himmel abzeichnen, sehen wir deutlich, dass auch Jungtiere dabei sind, einen langen Moment verharren sie so, dann traben sie davon.

Wir sind jetzt im Norden, kein Zweifel, der Gedanke elektrisiert. Oben vom Schneefeld können wir das ganze Tal überblicken, mit den Seen, den Felsen, der Weite, dem kleinen Dorf und den dunstigen Wolken, die unten aus dem Kessel wabern. Wir werden es nicht mehr zum Gottesdienst schaffen, auch egal.

Tromsø

Finnsæter

Henningsvær

Svolvær

Å

Sulitjelma

Gartland

MOLTEBEERE

POLARKREIS.
14:41.

Kapitel 8 // *Gartland – Sulitjelma*

Wir sind so weit, Norwegen, Berge, Gletscher, von mir aus auch Schnee, wir sind jetzt bereit für den richtigen, echten Norden. Es ist seltsam, je höher wir kommen, desto stärker fühlen wir uns gezogen, ganz so, als würde die Anziehungskraft des Magnetfelds am Nordpol auf uns wirken.

Wir stehen an einer relativ verlassenen Kreuzung. Der Überlandbus nach Norwegen hält auf der anderen Straßenseite, hintendrauf hat er eine Art Transportkasten, er scheint also nicht nur Passagiere, sondern auch Fracht zu befördern, die Effizienz einer dünnen Besiedlung. Es ist verlockend, da jetzt einzusteigen, sich einfach auf einen der Sitze fallen zu lassen, nicht reden zu müssen, genau zu wissen, wo man ankommt, und einen kurzen Moment zögern wir, lassen den Bus dann aber fahren.

Bald darauf nimmt uns Jonas, ein junger Typ mit Basecap und Sonnenbrille, mit, er fährt einen dunklen VW T5 mit Ladefläche, vorne hat er Extrascheinwerfer, für die dunklen Monate. Er ist auf dem Weg nach Norwegen, um dort zu arbeiten, Asphalt, er kann uns also ein ganzes Stück mitnehmen. Irgendwann finden wir heraus, dass er ein Kumpel des Typen ist, der uns nach Lit mitgenommen hat, als ich ganz leise »bitte, bitte, bitte« Richtung Universum geflüstert hatte. Der hatte uns erzählt, dass er in Lit seinen Motorradführerschein machen wollte, den hatten ihm seine Freundin und ein paar Freunde zum dreißigsten Geburtstag geschenkt, Jonas war einer davon. Wir hatten gerade davon anfangen wollen, dass er ja vorsichtig sein solle mit dem Motorrad, da hatte er uns Videos gezeigt, auf denen er Backflips mit seinem Schneemobil machte. Den Führerschein hat er jedenfalls bestanden, erzählt Jonas.

In der Dämmerung stehen wir an der nächsten Straße, nun in Norwegen, von hier aus wollen wir die E6 nach Norden nehmen. Ursprünglich startete die Fernstraße mal in Rom, doch irgendwo im Süden wurde sie irgendwann umbenannt, und so verbindet die E6 heute nur noch Trelleborg in Südschweden und Kirkenes in Nordnorwegen, immerhin ganze 3000 Kilometer. Wir steigen mehr oder weniger auf der Hälfte der Strecke zu, zumindest stehen wir erst mal da und halten die Daumen raus. Als Roman pinkeln geht, wird ein Lkw langsamer, beschleunigt aber gleich wieder, als er zurückkommt. Mir läuft ein Schauer den Rücken runter, sofort habe ich Szenen aus diesen schlechten Horrorfilmen im Kopf, in denen Truckerfahrer junge Anhalterinnen entführen und … Na, bestimmt hatte er einfach nur einen Sitzplatz, versuche ich meine Fantasie zu bändigen.

Ein Auto später sind wir dann inmitten von Bergen und Wiesen. Am Hang unter uns läutet eine Schafherde ihre Glocken, es wird dunkel und kalt. Zwei, drei Häuser stehen hier an dieser einsamen Kreuzung, und aus einem kommt ein großer, bulliger Mann. Man hätte sich eine weniger furchteinflößende Erscheinung wünschen können, aber den fragen wir nach Wasser und einem guten Zeltplatz. Er hat blaue Augen, kurze Stoppelhaare und ist sehr freundlich. Obwohl es wirklich kalt ist, trägt er immer noch kurze Sachen, er ist ein Mann der rauen Sorte. Reinbitten könne er uns nicht, da schlafe das Kind, also setzen wir uns draußen an den Gartentisch, er mit T-Shirt, ich mit Mütze.
Und dann erzählt er. Ronny heiße er, ursprünglich komme er von Vesterålen, einer Inselgruppe nördlich der Lofoten, er sei hierher nach Gartland gezogen, weil er mal neue Fisch- und Jagdgründe gebraucht habe. »Seit ich ein sechsjähriges Kind war, lebte ich in den Bergen«, erzählt er. »Ich kam nur zur Schule runter.« Ab und an hätten seine Eltern mal nach ihm gesehen und Essen gebracht, kaum vorstellbar. Später habe er dann mitgeholfen, die neugeborenen

*Kriegsveteran Ronny wird nie wieder
laufen können wie früher, seine Sympathie
für Waffen hat er trotzdem nicht verloren.*

Adler zu beringen. Dafür musste er in die Nester klettern, Auge in Auge mit den skeptischen Elterntieren, aber Angst? Nein. Er war wie geschaffen für das *Marinejegerkommandoen*, die norwegische Version der Navy Seals und härteste Einheit des Militärs, dahin passen Männer wie Ronny. Die Ausbildung dort ist mit das Extremste, was man seinem Körper und Geist zumuten kann. Da gibt es etwa die »*hell weeks*«, in denen man Essen für einen Tag bekommt, damit aber eine Woche in der Wildnis überleben muss, in Norwegen, Australien, da, wo es hart ist. Sie mussten essbare Pflanzen sammeln, manchmal fingen sie einen Hasen; wenn Feuermachen verboten war, aßen sie das Fleisch roh. »Proteine sind Proteine, es ist egal, ob man sie kocht oder nicht«, sagt er, ohne eine Miene zu verziehen. Er überstand die Trainings und kämpfte, im Irak, in Kuwait, er war der Gruppenführer, er war gut.

»Als ich Soldat wurde, habe ich nie daran gedacht, dass darauf ein Leben als Veteran folgen könnte«, sagt er. »Ich dachte nur daran, die Welt sicherer zu machen für meine Familie. Jeder Soldat denkt das.« Ihm wurde in den Rücken geschossen, zwei Mal, er würde nie wieder gehen können, hatten die Ärzte gesagt. Es war das Jahr, in dem er mit seinen Kameraden den Mount Everest besteigen wollte, er blieb zu Hause im Rollstuhl. Dass er nun wieder laufen kann, ist wahrscheinlich seine größte Errungenschaft, auch wenn es sich nicht so anfühlt. Er überlistete seinen eigenen Körper, steuert seine Beine mit einem anderen Teil seines Gehirns; wenn er sich nicht auf jeden Schritt konzentriert, verliert er die Kontrolle. Siebenundvierzig Jahre ist er alt, Frührentner, 120 Kilo schwer. »Ich kann laufen. Ich habe etwas zugenommen, aber ich kann laufen.« Die Kälte kriecht mir in jeden Knochen, ich habe Hunger und werde müde. Aber was ist das schon gegen eine »*hell week*«? Ich sage nichts.

Ronny engagiert sich im Veteranenverband, betreut andere, die mit ihrem Schicksal nicht so gut fertig werden wie er. Ein ehemaliger Kamerad leidet unter einer starken posttraumatischen Belastungsstörung, wenn Ronny ihn besuchen will und nicht haargenau zu der angekündigten Zeit vor der Tür steht, dann vermutet der einen Hinterhalt und verschanzt sich. Selbst die härtesten Männer der Welt sind nicht auf den Schrecken gefasst, den der Krieg verbreitet. Ronny aber will sich seine Identität nicht nehmen lassen, er, der Outdoor-Junge, geht immer noch jagen, er fühlt sich sicher in der Wildnis, trotz seiner Verletzung. Seine Ausbildung hat ihn gewissermaßen grenzenlos gemacht, er wird immer und überall zurechtkommen, das hat er gelernt. Und obwohl ich ihn nicht um sein Schicksal beneide, beneide ich ihn doch um diese Freiheit.

Mit dieser Reise verschieben auch wir unsere Grenzen, mit den meisten Situationen werden wir mittlerweile ziemlich gut fertig.

Es macht uns nichts mehr aus, am späten Abend noch immer keinen Schlafplatz zu haben, mit fremden Leuten mitzugehen, bei Sturm zu zelten oder mal nicht genau zu wissen, wo wir sind.

Tief in der Nacht baue ich unser Zelt in Ronnys Vorgarten auf, ich werde frieren, aber auch das geht vorbei.

Am Morgen sitzt Ronnys Freundin schon auf der Terrasse und strickt an einem Norwegerpulli, als wir aufstehen. Sie ist ganz versessen auf Pokémon Go, dieses Spiel, das plötzlich aus dem Nichts aufgetaucht ist und von allen Besitz ergriffen hat, sie zeigt es mir auf ihrem Smartphone. Sie jagt virtuell, Ronny real. In der Ecke liegen drei Spielzeugpistolen; als Ronny nach draußen kommt, klingelt sein Handy mit dem Geräusch eines Schusses und einer Patrone, die klirrend zu Boden fällt. Er fährt uns zur nächsten Tankstelle, von dort sei es leichter wegzukommen, »es war wirklich schön, euch kennengelernt zu haben«, sagt er zum Abschied. Wir werden noch lange an ihn denken.

Wir steigen in einen BMW-Kombi, darin sitzt ungefähr das Gegenteil von Ronny: ein dünner Mann in kurzärmligem schwarzem Hemd und sportlicher Sonnenbrille, ein Priester, wie er erzählt. Wir haben Glück, er will nach Korgen, rund 230 Kilometer nördlich von hier, direkt an der E6. Wir unterhalten uns gut in den nächsten Stunden, er nimmt alles Mögliche auf dem Weg zum Anlass, um uns etwas zu erzählen. Einen Berghang, der mal abgerutscht ist, weil sich der Lehm verflüssigte, das tut er unter großem Druck. Die Kurve, in der mal eine Garage stand, in die aber so viele Autos gerast waren, dass die Versicherung die Kosten nicht mehr übernehmen wollte und die Garage abgerissen werden musste. Die Monopolisierung der norwegischen Asphaltindustrie, Fischereipolitik, Ehe. In seiner Gemeinde bietet er eine »Klima-Konfirmation« an, um bei seinen Konfirmanden das Bewusstsein für den Klimawandel zu schärfen. Sie gehen dann auf einen Gletscher und messen, wie weit er im Vergleich zum Vorjahr geschrumpft ist, lernen in einem Samen-Dorf, wie gering der Einfluss der Samen auf die Natur ist, und fahren auf eine Insel, auf der die Papageientaucher jedes Jahr brüten, weil dort auch Heringe laichen, das Wasser also voll mit Futter ist. Weil sich das Wasser aber erwärmt hat, laichen die Heringe nun woanders und der Nachwuchs der Papageientaucher verhungert. Klimawandel, in Deutschland in erster Linie ein Politikum, über das man streitet, hier im Norden kann man ihn sehen.

Wir halten an einem geschwungenen Tor, dessen türkis-pinke Gestaltung das Nordlicht darstellen soll, mit der Aufschrift »Nord-Norge«. Und es ist lächerlich, denn es ist ja nur ein menschengemachtes Schild, aber es versetzt mir kurz ein angenehmes Kribbeln. Wir sind im Norden.

In einem Restaurant mit Blick auf einen eindrucksvollen Wasserfall lädt unser Fahrer uns auf Waffeln mit Sauerrahm und Marmelade ein, eine norwegische Spezialität. Weil der Tunnel nach Korgen gesperrt ist, müssen wir über den Pass fahren, der Blick geht weit auf schneebedeckte Berge, zur Rechten glänzt ein kristallklarer See in der Sonne, schöner kann es nicht mehr werden, denke ich. »Wir haben ein Cottage hier«, sagt unser Fahrer, er deutet auf ein kleines dunkelblaues Holzhaus am Hang, ob wir es sehen wollen? Wir wollen.

Er parkt etwas oberhalb, und da erst fällt uns auf, dass wir uns noch gar nicht vorgestellt haben. Hans Christian also führt uns den Hang hinab, krumme Birken, Beerensträucher und Farn wachsen da, ein neugieriges Schaf kommt näher und mustert uns. Das Cottage ist dann so, wie ich es mir besser nicht hätte erträumen können. Es hat ein schiefes Tor, eine sonnengebleichte Holzterrasse, einen Sessel mit Schaffell am Fenster mit Blick auf den See, einen gusseisernen Ofen, keinen Strom, Wasser nur draußen am Hahn, gespeist von einem Bach, Plumpsklo in einem Extrahüttchen. Als er uns anbietet, die Nacht hier zu verbringen, können wir unser Glück kaum fassen. Er erklärt uns, wo wir den Schlüssel am nächsten Tag verstecken sollen, dann lässt er uns allein. Und da stehen wir nun, in unserem eigenen Haus.

Für die meisten Menschen wäre so ein Haus ohne Strom und fließend Wasser mitten im Nirgendwo sicher eine Zumutung, und auch wir hätten das vor unserer Reise noch so gesehen. Jetzt aber hat sich unsere Wahrnehmung verschoben. Wenn man eine Weile lang nicht mehr im Überfluss gelebt hat, dann fällt einem auf, dass man vieles gar nicht braucht. Keine zehn Kissen, vier Sessel oder fünf Jacken, sondern vielleicht von jedem nur eins.

Jetzt ist diese Hütte unser Luxus. Wir sind ganz für uns, es gibt einen Gaskocher und richtiges Geschirr, der Holzofen wird den Raum schnell aufheizen, das Bett wird himmlisch sein. Zuerst wasche ich mich draußen am Wasserhahn, keine Ahnung, wie lange die letzte Dusche schon wieder her ist, es ist früher Abend, die Sonne ist noch warm. Wir essen an dem kleinen Tisch am Fenster, das Feuer knistert, die Berge verschwinden langsam im Dunst der Abenddämmerung. Bei Kerzenlicht spielen wir Mühle und Mensch-ärgerdich-nicht aus der Spielesammlung, die wir in einem Regal finden. Und wie wir da so sitzen, werden wir ganz versessen auf die Idee, an so einem Ort zu wohnen. Ein kleines Holzhäuschen an einem See, mehr bräuchte man doch nicht. Wir steigern uns sogar so weit rein, dass Roman anfängt, die Räume auszumessen, und ich zu zeichnen beginne, nur mal so, falls wir das wirklich durchziehen würden.

Oben am Pass ist es zugig am nächsten Tag. Ein Restaurant steht da, auf den großen Schotterparkplatz rumpelt ein blauer Toyota-Bus, dessen Seitentür einen Spalt offen steht und nur mit einem grünen Seil gehalten wird, die Fenster sind dreckverschmiert. Wir gehen näher ran. Muffige warme Luft dringt aus dem Spalt, und vier kleine Kälber strecken uns ihre feuchten Nasen entgegen. Die hätten sie gerade gekauft, sagt das Bauernpaar, das nun vorne aus dem Wagen steigt. Wir reißen uns los von diesem merkwürdigen Tiertransport, es hält das erste Wohnmobil, das den Pass erklimmt. Wieder ist es ein Priester, Gunnar heißt er, er kennt sogar Hans Christian, ist aber einer von diesen Typen, die sparsam mit ihren Gefühlsäußerungen umgehen. Während wir über diesen Zufall johlen, zuckt er kaum merklich mit den Mundwinkeln. Wir steigen ein in sein Wohnmobil, er hat es gerade neu gekauft, sieben Schlafplätze hat es, er hat vier Söhne. Wieder haben wir Glück, auch er fährt rund 200 Kilometer in den Norden, ich lehne mich zurück auf meinem Platz hinten am Esstisch, Roman hat den Beifahrersitz eingenommen. Zwischendurch pausieren wir an einem monströsen Einkaufszentrum, in dem er irgendwas besorgen muss, wir decken uns mit neuen Lebensmitteln ein.

Die E6, immerhin die größte Straße hier im Norden, wird nun immer unscheinbarer. Streckenweise hat sie keine Mittelstreifenmarkierung, manchmal

Allein in einem Haus, das ist für uns nun Luxus.

Eiskalt ist das Wasser, das aus den Bergen in den See fließt.

kann man nur 50 oder 60 fahren, an Baustellen stellt man sich an, dann kommt ein Bauarbeiter zum Fenster, verrät einem die Wartezeit, bis ein Auto mit der Aufschrift »Ledebil, Følg meg« (»Leitfahrzeug, folgen Sie mir«) losfährt, etwas schneller als Schritttempo geht es an den Bauarbeiten vorbei.

Und dann ist es so weit, um genau 14:41 Uhr passieren wir den Polarkreis. Ein merkwürdiges haubenförmiges Gebäude steht da inmitten karger Weite, ein Besucherzentrum, sicher gefüllt mit allerlei Beweismaterial, dass man da war, am *polarsirkelen*. Wir fahren daran vorbei. Überall nördlich von hier wird es an mindestens einem Tag im Sommer nicht dunkel und im Winter nicht hell. Direkt am Polarkreis ist das an den Tagen der Sonnenwenden so, je weiter nördlich man kommt, desto länger werden dann die Polartage und -nächte.

Polarkreis, das klingt ja schon fast nach Expeditionen im ewigen Eis, nach Eisbären und arktischen Winden, wir sehen immerhin ein Rentier.

Auf ein bisschen Eis haben wir aber schon Lust, und tatsächlich gibt es einen Gletscher nicht weit von Gunnars Wohnort. Er telefoniert mit einem Freund, ob es möglich ist, da hochzugehen, ist es – wie, das werden wir dann schon sehen.

Er lässt uns an der Kreuzung raus, an der eine kleinere Straße in östlicher Richtung zum Gletscher führt, na gut, der Norden muss noch kurz warten.

Nach wenigen Minuten hält Lasse, ein untersetzter Mann in neongelber Warnweste, er hat Holzlatten längs durch das Auto gelegt, die räumt er nun eilig beiseite. Er fährt nach Sulitjelma, in den Ort, der dem gleichnamigen Gletscher am nächsten ist. Früher sei das eine Minenstadt gewesen, keine Straße habe dorthin geführt, nur die Eisenbahn. Kein Baum sei auf den Hängen gewesen, als er klein war, alles sei für die Mine abgeholzt worden. Jetzt aber ist alles wieder grün, dafür ist der Fluss so stark verschmutzt, dass man darin nicht mehr angeln darf.

Er merkt schnell, dass wir überhaupt keine Ahnung haben, wie wir zum Gletscher gelangen, also macht er es sich zur Aufgabe, uns zu helfen. Nach einem kurzen Zwischenstopp bei seinem Nachbarn, dem er die Holzlatten bringt, fährt er uns zum Supermarkt, offenbar dem Dreh- und Angelpunkt im Ort. Nach ein paar Telefonaten hat er herausgefunden, dass es da oben irgendwo eine Hütte geben soll, in der Wanderer schlafen können, nur an den Schlüssel scheint kein Rankommen zu sein, auch Karten von dem Gebiet gibt es nirgends. Mir wird es schon langsam unangenehm, dass er sich so für uns ins Zeug legt, da kommt ein älteres Paar aus dem Laden und schickt sich an, zum Auto zu gehen, in dem der Hund hechelnd wartet. Sie geht schon mal vor zum Wagen, er wechselt ein paar Worte mit Lasse. Dann zückt er seinen Schlüsselbund, dreht einen der Schlüssel ab, reicht ihn Roman, sagt: »Be careful«, lacht und verschwindet Richtung Auto. Lasse strahlt uns zufrieden an, wie wir so perplex mit dem Schlüssel dastehen, wir müssten den nachher einfach nur hier im Laden abgeben. Er bietet an, uns zur Hütte zu fahren, das würde uns einen mehrstündigen beschwerlichen Aufstieg ersparen, und dann schrauben wir uns die schmale Straße den Berg hinauf. Auf dem Weg sammeln wir eine langhaarige Wanderin mit einem monströsen Rucksack ein, eine Schwedin, die hier zwei Wochen wandern gehen will.

Die Hütte ist größer als erwartet, ein zweistöckiges Holzhaus mit mehreren Schlafräumen und großem Gemeinschaftsraum. Die Schwedin packt sofort minutiös abgewogene und abgepackte Essensrationen aus, wir sind mal wieder völlig ineffizient ausgestattet, mit Nudeln, frischem Gemüse, Keksen, einer ganzen Teepackung, aber wir wollen ja auch nur zwei Tage wandern. Zwei ältere und zwei jüngere verschwitzte Männer ächzen und poltern herein, ein Väter-Söhne-Gespann, wir kochen Tee für alle. Fünf Tage waren sie wandern, jedes Jahr machten sie so eine Tour zusammen, erzählt uns der grauhaarige Ulf, ein Arzt. Letztes Jahr seien sie auch schon hier gewesen, da habe ihn eine Windböe herumgerissen, also den ganzen Körper außer einen Fuß, der steckte im Schnee fest, und als Mann vom Fach sei ihm relativ schnell klar gewesen, dass er gebrochen war. Er musste aber noch mehrere Kilometer mit dem gebrochenen Fuß laufen, bis sie irgendwo Handyempfang hatten, »aus dem Rettungshubschrauber konnte ich die Berge von oben sehen, das war eigentlich echt schön«, erzählt er schmunzelnd.
Die Truppe beschreibt uns den besten Weg zum Gletscher, wir würden ein Stück abseits der Wege gehen müssen, alles machbar. Als sie erfahren, dass wir keine Karte haben, schenkt Erik – einer der Söhne, klein, kompakt, mit langen schwarzen Haaren – uns seine. Seinen Kompass will er uns am liebsten auch noch geben, wir hatten zwar zu Beginn unserer Reise einen dabei, da

wir ihn aber nie gebraucht hatten, sortierten wir ihn in Karlstad aus. Trotzdem schlagen wir das Kompass-Angebot aus, so ein Gletscher wird ja schon irgendwie zu finden sein. Gegen elf gehen die Männer in ihre Zelte, Hütten haben sie sich auf ihrer Tour verboten.

Unser Wecker klingelt früh um halb sechs, wir haben ein straffes Programm vor uns. Gute dreißig Kilometer werden wir wandern, zum Gletscher und zurück zu einer weiteren Wanderhütte ein paar Kilometer von hier entfernt am Ufer des Låmivatnet, eines knapp zwölf Quadratkilometer großen Sees. Zur Not wollen wir unser Zelt mitnehmen, falls wir es nicht schaffen.

Es ist kühl, aber die Sonne scheint, sie scheint uns sogar mitten ins Gesicht, mitten in die Augen, wir können kaum etwas sehen. So stark geblendet ist es schwierig, die roten Wegmarkierungen zu finden, mehrmals kommen wir vom Weg ab, was aber nicht weiter schlimm ist, den See werden wir nicht verfehlen können. Es geht über ein paar grüne Hügel, dann kommt er auch schon in Sicht, flach und tiefblau liegt er da, kahle Hänge erheben sich an seinen Ufern, hier und da kleine Schneefelder. Nach circa anderthalb Stunden erreichen wir die zweite Hütte, auch hier passt der Schlüssel, sie steht auf einem Hügel und ist wesentlich kleiner als die erste, zwei Stockbetten stehen darin, ein kleiner Essplatz, eine rudimentäre Küche, das Wasser muss man sich aus dem See holen. Wir werfen allen unnötigen Ballast ab, unsere Rucksäcke fühlen sich federleicht an, als wir wieder aufbrechen.

Mit dem Wandern verhält es sich bei mir ein bisschen wie mit dem Zelten. In meiner Familie hatte das nie eine Rolle gespielt. Einmal unternahm unsere Grundschulklasse eine Wanderung zum Hermannsdenkmal im Teutoburger Wald, meine Mutter sorgte sich sehr um meinen Zwillingsbruder und mich, weil wir so was ja noch nie gemacht hatten, letztendlich trugen wir dann sogar die Rucksäcke unserer Klassenkameraden, das erzählte zumindest unsere Klassenlehrerin unseren Eltern, ich selbst habe daran nur noch blasse Erinnerungen. Meine ersten richtigen Wanderungen waren dann gleich die zum Machu Picchu in Peru und zum Annapurna Basecamp in Nepal auf 4130 Metern Höhe. In Nepal musste zwar streckenweise Roman meinen Rucksack tragen, aber wir schafften es, sogar schneller, als man uns prophezeit hatte. Seitdem gehört das Wandern dazu. Wir sind immer diejenigen, die am schlechtesten

ausgerüstet und vorbereitet sind, was auch manchmal böse enden kann. Seit Roman mit siebzehn Jahren in Schottland in zu kleinen Schuhen wanderte, ist ein kleiner Teil seines Fußes taub, trotzdem trägt er auch diesmal wieder zu kleine Schuhe, ein bisschen Unbelehrbarkeit muss man sich im Leben erhalten.

Der Weg entlang des Sees zieht sich endlos, mehrere Bäche speisen ihn aus den Bergen links von uns, über die meisten reicht ein großer Sprung oder ein, zwei Balanceschritte über ein paar glitschige Steine. Über einen breiteren, sprudelnden Bach führen zwei gebogene Metallschienen, in der Mitte hat sich auf ihnen Wasser gesammelt und es gibt kein Geländer, schwieriger noch wird es aber an einem Wasserfall, an dem es solche Schienen nicht gibt. Weil wir keine Wanderstöcke haben, stützen wir uns auf Romans Kamerastativ, als wir endlich eine gangbare Route gefunden haben, auf dem Rückweg werden wir barfuß durch das Wasser waten müssen, das ahnen wir jetzt schon.

Als wir endlich den See hinter uns lassen, zieht sich der Weg schnell steil hoch in die Berge, das Grün weicht kargen Felsen und glitzernden Mineralsteinen, es ist eine lebensfeindliche Landschaft, man sieht ihr deutlich an, wie einmal dickes Gletschereis auf sie gedrückt haben muss. Kurz vor der unscheinbar markierten schwedischen Grenze – so weit sind wir nun wieder im Osten – verlassen wir den Weg und halten nördlich auf den Gletscher zu. Wir gelangen an ein klares, kaltes Wasserbecken, so klar und kalt, wie nur Gletscherwasser sein kann. Der Wasserfall darüber führt wenig Wasser, wir klettern daneben nach oben, und dann sehen wir ihn. Ein gigantischer weißer Koloss schiebt sich zwischen schneebedeckten Bergspitzen hindurch, weiter hinten wird er von dunstigen Wolken verhüllt, geheimnisvoll sieht das aus, als verberge sich dort eine andere Welt, der Anblick erfüllt uns augenblicklich mit Ehrfurcht. Das hier ist groß, das hier ist alt, wir sind klein, wir sind jung. All jenen Leuten mit einem zu großen Ego rate ich: Stellt euch einem Gletscher gegenüber, und ihr werdet demütig.

Wenn man das sieht, diese Masse, diese Gewaltigkeit, dann erscheint es einem ungeheuerlich, dass wir kleinen Ameisenmenschen dazu imstande sind, diese Giganten in die Knie zu zwingen, dass wir es tatsächlich schaffen, dass sie sterben. Und wenn wir das bedauern, dann denken wir doch eigentlich nur an uns, denn für uns wird es wärmer, für uns wird es weniger angenehm auf der Erde, dem Gletscher ist das ja relativ egal, ob er da ist oder nicht – obwohl ich nicht umhinkann, in ihm ein Lebewesen zu sehen statt einfach nur Eis. Er könnte jeden Augenblick losfließen, zähflüssig, durch die Berge hindurch, auf uns zu, wenn er wollte. Auch jene, die fossile Energie für vollkommen okay halten, sollten sich einmal hier hinstellen und dem Gletscher wenigstens ins Auge sehen, bevor sie ihn weiter seinen langsamen Tod sterben lassen.

Wir überwinden die letzten steinigen Hügel, dann erreichen wir das Ufer des Gletschersees. Eisschollen schwimmen darin, unten vom Wasser ausgewaschen, oben breit wie der Schirm eines Pilzes. An der Abbruchkante schimmert das Eis hellblau, nun können wir deutlich die Furchen sehen, die sich durch den Gletscher ziehen, wir sitzen eine Weile nur da und gucken. Es dröhnt und rauscht, auf einmal löst sich mit einem gewaltigen Krachen ein Stück – es sieht klein aus, ist aber sicher mehrere Meter lang – und fällt ins Wasser.

Uns ist total egal, wie lange der Rückweg dauern wird, wie erschöpft wir sein werden, wie sehr unsere Körper schmerzen werden, es ist alles egal, solange wir nur hier sitzen können, genau hier.

VERY OK

Kapitel 9 // Å – *Svolvær*

Links und rechts Wasser, hier in der Mitte Menschen. Die meisten haben sich auf den bequemen Polstersesseln niedergelassen, dazu mittelmäßiges Essen aus dem Bordbistro. Manche starren wie hypnotisiert auf die Werbefilme, die in Endlosschleife über den Flachbildschirm flimmern, die allermeisten haben Kameras und Smartphones im Anschlag, damit sie sofort aufspringen und zur Panoramascheibe stürzen können, wenn es so weit ist. Noch ist es aber nicht so weit, noch ist da nur Blau. Zwei Backpacker stehen vorne an der Scheibe und halten ihre Smartphones in unterschiedliche Richtungen, scheinbar aber ohne den gewünschten Effekt. Einer von ihnen, seinem Akzent nach zu urteilen ein Amerikaner, hält auf dem Rückweg zu seinem Sitzplatz bei einem kleinen Mädchen, das mit großen Augen am Boden sitzt. Er hält ihr das Display vor die Nase, sagt: »No *internet, no internet*«, und schüttelt dazu bedauernd den Kopf. Zurück an seinem Platz gabelt er eine Dose Thunfisch leer und trinkt dazu eine Tüte Milch.

Da sind wir also wieder, zurück in der Zivilisation, zurück im Hauptstrom sozusagen. Die meiste Zeit unserer bisherigen Reise sind wir nicht großartig mit anderen Reisenden in Berührung gekommen, unsere Wege hatten uns meist eher an Orte gelenkt, die nicht in Reiseführern stehen und demnach auch kaum von Touristen aufgesucht werden. Wir genossen eine gewisse Exklusivität mit unseren Rucksäcken, wir fielen auf, und das war auch gut, so ließen sich leichter Leute kennenlernen. Jetzt aber sitzen wir auf dieser Fähre voller Touristen, voller Rucksäcke; ohne es beeinflussen zu können, sind wir auf einmal Teil dieser Gruppe. Und das ist so etwas wie die Feuerprobe für unsere Reise: Würden wir die anderen beneiden um ihre Pläne, ihre vorgebuchten Unterkünfte, ihre Mietwagen und Internetzugänge? Das würde bedeuten, dass unsere Art zu reisen also keine bessere Alternative zu der gängigen Art des Reisens darstellte. Dass wir die ganze Zeit einer Idee hinterhergerannt wären, die sich bei der Konfrontation mit ihrem Ausgangspunkt als Irrweg herausstellt. Wir könnten uns aber auch angesichts des Touristenstroms bestätigt sehen in unserem Weg im Abseits, im Unprätentiösen.

Ich wende meinen Blick von dem Amerikaner ab, hin zum Fenster, und da stehen sie nun alle mit den Kameras. Es ist so weit, die Bergspitzen der Lofoten kommen in Sicht. Wie an einer Kette liegen sie aufgefädelt im Meer und werden langsam, ganz langsam größer.

Rund achtzig Inseln bilden die Lofoten, auf ihnen stehen bis zu 1200 Meter hohe schroffe Berge. Dazwischen pressen die Gezeiten den Atlantik mit solcher Gewalt durch die Landmassen, dass das Wasser sich in enorme Wirbel flüchtet. Berühmtheit erlangte der Mahlstrom an der Südspitze der Inselgruppe, er vollbringt sein zerstörerisches Werk quer durch die Literaturgeschichte, von altnordischen Heldensagen über Geschichten Edgar Allan Poes bis zu Jules Vernes »20 000 Meilen unter dem Meer«. Die meisten Touristen kommen aber wegen der umwerfend schönen Landschaft, beschienen von der Mitternachtssonne im Sommer und von den Nordlichtern im Winter.

Nun werden bunte Holzhäuser erkennbar, die auf Stelzen am Wasser stehen, hinter ihnen die mächtigen Berge. Es wirkt beinahe wie eine Kulisse, zu perfekt ist das; wer schon mal in Venedig war, wird verstehen, was ich meine. Denn es ist ja so: Die meisten Orte werden den Erwartungen an sie nicht gerecht, die Freiheitsstatue ist zu klein, die Halong-Bucht wird von Hunderten Schiffen gleichzeitig durchkreuzt, der Eiffelturm steht in einer Gegend, in die kein Pariser freiwillig einen Fuß setzen würde. Venedig aber war genau so magisch, so vollkommen, wie ich es mir erträumt hatte, in der Nebensaison, ohne allzu viele Besucher und vor allem zwei, drei Straßen abseits der Hauptwege, und die Lofoten sind das auch. Genau so stellt man sich Nordnorwegen vor:

vereinzelte Holzhäuser inmitten dramatischer Landschaft, Stockfischgestelle, Fischerboote, die in der Abenddämmerung schaukeln.

An Land rauschen alle innerhalb weniger Augenblicke in ihren Mietwagen davon, wir beneiden sie kein bisschen. Einen Moment bleiben wir am Anleger stehen wie bestellt und nicht abgeholt und laufen dann in die Richtung los, die uns geeignet scheint, um einen Platz für unser Zelt zu finden. Tatsächlich stoßen wir auf einen Campingplatz, nur wozu ein Campingplatz, wenn man überall zelten darf? Wir schicken uns gerade an, in die Hügel dahinter zu steigen, da pfeift uns der Platzwart zurück. Das gehöre alles zum Platz, sagt er mit abschätzigem Blick, da müssten wir schon bezahlen. Also gehen wir wieder zurück zur Straße und lassen uns von einem etwa dreißigjährigen Blondschopf in seinem Pick-up mitnehmen. Ihm gehört die Autovermietung, erzählt er, also falls wir eins bräuchten, wären wir jetzt an der richtigen Adresse, wobei er schon ziemlich ausgebucht sei. Er hört uns gar nicht richtig zu, als wir ihm erklären, warum wir kein Auto brauchen, er sagt nur ständig »Jajaja«, als würde er das alles schon wissen, was wir ihm sagen. Er lässt uns im nächsten Ort raus, da sei ein Fjord, in dem wir zelten könnten. Also laufen wir los, nach ein paar Minuten begegnen wir einer jungen Frau, die uns sagt, dass Camping hier nicht erlaubt sei, weil die Touristen so viel Müll hinterlassen hätten. Na gut, also drehen wir abermals um, nun schon ein bisschen genervt, das wird nicht einfach werden hier.

Missmutig schlendern wir durch die Straßen, als gerade eine ältere Frau mit kurzen blonden Haaren in ihr Auto steigt. Wir fragen sie nach einem guten Zeltplatz, sie überlegt einen Moment, dann sagt sie: »Steigt ein.« Wir fahren wieder zurück, vorbei am Anlegeplatz der Fähre, nach Å – den Namen fänden die Touristen so toll, dass regelmäßig das Ortsschild geklaut werde, erzählt uns die Frau. Lulli heißt sie, und sie ist von so einem ansteckend vergnüglichen Gemüt, dass wir sofort bessere Laune haben. Sie bietet uns an, in ihrem Vorgarten zu zelten, »dann könnt ihr auch eine schöne Dusche am Morgen nehmen«. Als sie uns fragt, wo wir vor den Lofoten waren, sagt sie: »Oh, in Sulitjelma hat meine Tochter gewohnt. Jetzt ist sie tot.« Wir sind so perplex, dass wir nicht wissen, was wir entgegnen sollen. »Ich sage immer, dass es ein Autounfall war, aber es war ein Schneemobil«, fährt Lulli fort. Ein Jahr sei das her. »Es ist immer noch schwer, darüber zu reden.« Trotzdem hat sie es getan, jetzt gerade, und nun schüttelt sie die Gedanken ab, erzählt etwas anderes, lächelt. Sie erinnert mich an Meryl Streep in der Rolle der Köchin Julia Child; selbst wenn es furchtbar ist, lächelt sie, weil sie diesen unzerbrechlichen Willen hat, dass das Leben schön ist.

»Guten Morgen, ich habe gerade Kaffee gemacht«, begrüßt Lulli uns gut gelaunt, als wir bei Vogelgeschnatter aus unserem Zelt kriechen. Wir setzen uns in die helle Küche, auf dem Tisch liegt eine blaue Häkeldecke, selbst gemacht, gerade strickt sie an einem blau-weiß-roten Norwegerpullover für ihren Schwiegersohn, sie zeigt ihn uns. Sobald die Sonne scheint, sitzt sie draußen und strickt, sie ist braun gebrannt, die Falten schimmern hell. Früher, da habe ihr Vater in diesem Haus gewohnt. Sein ganzes Leben habe er hier am Meer verbracht und gefischt, schon als Zehnjähriger habe er mit einem Stock Plattfische aus dem Wasser gezogen, bis Mr. Ellingson ihn zu sich zitiert habe. Für den arbeiteten alle Fischer im Ort, ihm gehörte die Fischfabrik, vor ihm und seiner Frau mussten sich die Kinder auf der Straße verbeugen. Wenn er Ende März das Gehalt der Winterfischzeit auszahlte, versoffen es die Fischer noch am selben Tag, dann mussten die Frauen ihre Männer mit Schubkarren nach Hause fahren. Dieser Mr. Ellingson sagte Lullis jungem Vater: »Der Fisch gehört mir.« – »Nein«, erwiderte der. »Er ist so lange mein Fisch, bis Sie mich dafür bezahlen.« Er war ein stolzer Mann, Lulli lächelt.
Heute, da kämen viele deutsche Angler, wegen des Dorsches, sie beobachte sie gerne von ihrem Küchenfenster aus, erzählt Lulli. Wir sehen sie später, als wir durch den Ort laufen, sie parken mit Anhängern, auf die sie Dinge wie »Lofoten-Tour 2016« aufgedruckt haben. Da ist auch eine italienische Bäckerei, überhaupt sind hier viele Italiener. Die Erklärung dafür ist ganz einfach: Italiener lieben Stockfisch, sie sind mit Abstand der größte Abnehmer der Produktion auf den Lofoten, und wie Gläubige nach Mekka pilgern sie eben an den Ursprungsort ihres *stoccafisso*. Und so laufen sie nun also durch Å, und weil sie nach dem Besuch des Stockfischmuseums nicht so recht etwas mit sich anzufangen wissen, essen sie 30-Kronen-Zimtschnecken (ungefähr 3,30 Euro) und trinken dazu Filterkaffee bei dem Bäcker.

In einer kleinen Seitenstraße, die zu einem malerischen See führt, über den gerade ein Mann mit kräftigen Zügen ein Ruderboot lenkt, lernen wir Kjell kennen. Er trägt eine fleckige Jeans, und obwohl sie ihm viel zu groß ist, hat er den obersten Knopf offen gelassen, darin steckt ein grün-violett kariertes gestepptes Flanellhemd, den Kopf hat er leicht nach vorn gebeugt, als koste es ihn Mühe zu stehen. Vor seinem Haus liegt allerlei Kram – Holzreste, ein kaputtes Boot, ein Plastikstuhl –, und weil wir einen Moment länger als normal stehen bleiben und gucken, grüßen wir uns, kurze Zeit später sitzen wir dann schon zusammen in seinem holzvertäfelten Wohnzimmer. Der Fernseher läuft dauerhaft, National Geographic und Discovery Channel, wir trinken herben schwarzen Kaffee, Kjell raucht Selbstgedrehte, Petterøe's-Tabak, eine norwegische Marke. Er ist ruhig und zurückhaltend, ganz anders als Lulli; wenn er etwas wirklich gut findet, sagt er »that is very ok«. Zum Beispiel sein Militärdienst oben an der russischen Grenze, der war »very ok«. Zu Fuß und mit Skiern patrouillierten sie dort, angelten und saßen zusammen in der warmen Blockhütte. Mit den russischen Soldaten auf der anderen Seite durften sie nicht reden, es war die Zeit des Kalten Krieges, also salutierten sie stumm, die Norweger auf der einen Seite, die Russen auf der anderen.

Er bietet uns an, bei ihm zu schlafen, also eilen wir zu Lulli zurück, helfen ihr bei der Johannisbeerernte, das hatten wir ihr versprochen, und weil ich sie so unheimlich gern habe, bitte ich sie, mir einen Pullover zu stricken, gegen Bezahlung natürlich, als Erinnerung. Sie freut sich, und mir fällt es ein bisschen schwer zu gehen, aus ihrer hellen fröhlichen Welt rüber in Kjells dämmrige. Als wir zurückkehren, sitzt er immer noch vor dem Fernseher. Ich beschließe, uns etwas zum Abendessen zu kochen. Alles ist furchtbar dreckig, eine Pfanne mit einem alten Kotelett in ranzig gewordenem Fett steht im Schrank, ich schrubbe einen Topf und koche darin Couscous mit Gemüse und bin mir ziemlich sicher, dass Kjells Abendessen ohne uns Kaffee und Kippen gewesen wären.

Vor einem Jahr habe er einen Autounfall gehabt, sei einfach auf die andere Straßenseite gefahren, erzählt er. »Ich fahre seit mehr als fünfzig Jahren Auto, und dann passiert das, das ist wirklich schwer zu verstehen.« Er verletzte sich am Kopf, musste erst wieder Schreiben lernen, seitdem geht alles nicht mehr so einfach. Sein Bruder kauft ihm die Lebensmittel, ja, und er verbringt die meiste Zeit auf dem Sofa vor dem Fernseher. Da hat er auch einen grünen Schlafsack liegen, dann müsse er nicht immer nach oben ins Schlafzimmer gehen, das sei so anstrengend. Er bietet uns das Zimmer an, an den Wänden

Kjell auf seinem Lebensmittelpunkt, dem Sofa.

klebt braune Fünfzigerjahre-Tapete, in der Mitte ein großes Doppelbett mit eingebautem Radio, darauf braun gemusterte Matratzen. Es wirkt wirklich so, als sei es seit Jahren nicht mehr benutzt worden.

Auch am nächsten Morgen finden wir Kjell vor dem Fernseher, und weil er mir leidtut, fällt es mir abermals schwer, nun zu gehen. Wie wahrscheinlich ist es, dass bald wieder jemand in sein Wohnzimmer spaziert, sich zu ihm setzt, seinen Geschichten lauscht und selbst welche erzählt? Hier bei Kjell wird es mir überdeutlich:

Wir nehmen nicht nur auf dieser Reise, sei es einen Schlafplatz oder eine Mitfahrt, wird geben auch, und zwar Abwechslung, Aufmerksamkeit, Dankbarkeit.

Nicht nur wir sammeln viele unvergessliche Momente, die Leute, mit denen wir sie erleben, tun das auch. Als Kjell uns fragt, wann wir wiederkommen, flüchten wir uns in Phrasen wie »Oh ja, das wäre toll« oder »Ja, wir müssen auf jeden Fall wiederkommen«, und obwohl wir das wirklich so meinen, ist uns klar, dass es wahrscheinlich nicht so bald passieren wird.

Als wir wenig später zusammen mit drei jungen Backpackerinnen in dem Wohnmobil eines französischen Paares sitzen, ist es, als seien wir wieder in die Parallelwelt gerutscht, in der wir auch auf den Lofoten angekommen sind. Eine Parallelwelt der Reiseaktivitäten, schönsten Dörfer und weißesten Strände, in der man sich gegenseitig fragt, wo man schon war und wo man jetzt hinwill, in der es keine Kjells gibt und keine Lullis. Und es ist komisch zu sehen, was das mit einem macht. Unsere ganze Reise über hatten wir nie das Gefühl, etwas zu verpassen, wir waren eben da, wo wir waren. Unter Reisenden aber tritt man in eine Art Wettbewerb, man fängt an zu vergleichen. Roman denkt auf einmal, dass wir unbedingt so einen superweißen Strand sehen müssen wie die anderen, ich denke, wir müssen unbedingt in so eine Sauna mitten im Nirgendwo wie die, in der die eine Backpackerin war.

Mit unserer nächsten Mitfahrgelegenheit, einer allein reisenden Französin, machen wir dann auch direkt einen Ausflug nach Nusfjord, einem Fischerdorf, das so schön und gut erhalten sein soll, dass man dafür sogar Eintritt bezahlen muss. Wir machen Sightseeing, gewissermaßen. Als wir auf den Felsen über dem Ort stehen – den Eintritt wollten wir nicht zahlen – und uns der Wind ins Gesicht schlägt, beschließen wir ziemlich schnell weiterzufahren.

Danach geht es mit einem jungen deutschen Pärchen in ihrem VW-Bus weiter, innerhalb von vier Wochen fahren sie durch Norwegen hoch und durch Finnland und Polen wieder runter. Die meiste Zeit sitzen sie im Auto, halten dann und wann für ein Foto, und obwohl wir ja auch einen ausgebauten Bus zu Hause haben, können wir mit ihrer Art zu reisen gerade überhaupt nichts anfangen, es ist zu schnell, zu abgekapselt von der Umgebung. Wir halten an so einem weißen Strand, Roman macht ein paar Fotos, und nachdem wir eine Weile da rumgestanden haben, fahren wir weiter.

Kurz vor dem Fähranleger zu den Vesterålen, der Inselgruppe nördlich der Lofoten, lassen wir uns absetzen, von dort wollen wir morgen dem Touristenhauptstrom entkommen. Wir schlagen uns ins Gebüsch, bauen unser Zelt an einer schmalen Wasserzunge auf, es mufft ein bisschen nach Algen, das Holz ist feucht und brennt schlecht, aber wir sind ganz allein, mit Blick auf das Meer und die Berge an einem knisternden Feuer.

Regen weckt uns am nächsten Morgen, kleine Spinnen suchen unter dem Zelt Zuflucht, einer meiner Schuhe ist mit Wasser vollgelaufen. Dann erhalten wir eine Nachricht von Ronny, dem Ex-Soldaten, wir können einen mit ihm befreundeten Fischer hier auf den Lofoten treffen, er würde uns sogar auf seinem Boot mit rausnehmen. Also biegen wir an der Straße doch nicht nach rechts zur Fähre ab, sondern nach links, zurück zur Hauptstraße. Nachdem eine komplette Kirmes an uns vorbeigefahren ist, nimmt uns Sverre mit, ein junger Typ mit kurzen blonden Haaren. Er fahre gerade zu einem Konzert, das auf der Spitze eines Berges stattfinde, erzählt er. Sondre Justad spiele da, ein norwegischer Indie-Sänger, es habe nur wenige Karten gegeben, auf so einer Bergspitze ist nicht viel Platz. Wir wollen natürlich sofort mitkommen, und tatsächlich genügt ein Anruf bei den Organisatoren, und die Sache ist geritzt. Wir verschieben den Fischer auf morgen, Sverre macht sein Lieblingslied von Sondre an, und vorbei an atemberaubend schöner Landschaft fahren wir also nun zu einem Konzert auf einer Bergspitze.

Um ein Konzert auf einer Bergspitze ansehen zu können, muss man erst mal rauf auf den Berg, ungefähr anderthalb Stunden lang. Eine bunte Schnur von

Um Sondre Justad (oben rechts) auf der Spitze
des Festvågtinden spielen zu sehen, nehmen die
Konzertbesucher und wir eine anderthalbstündige
steile Wanderung in Kauf. Auch ein kleiner Terrier
hat den Berg erklommen – und verlässt sich etwas
zu sehr auf die rettende Leine.

Konzertbesuchern in Outdoor-Kleidung zieht sich den Festvågtinden, so heißt der Berg, hoch, wir reihen uns ein, in Schwarz und Grau. Der Weg ist steil und ausgetreten, wir müssen aufpassen, dass wir nicht wegrutschen. Deswegen spende Sondre auch das Eintrittsgeld, um die Wege zu restaurieren, erzählt uns Maria, eine der Organisatorinnen, die wir auf halbem Weg nach oben treffen. Sie hatte gerade einen Mann mit einer Kamera gefragt, ob er der deutsche Journalist sei, »wir sind das«, hatte ich gesagt, ich wunderte mich zu diesem Zeitpunkt schon längst nicht mehr über Zufälle. Gemeinsam setzen wir uns an den Hang mit Blick auf das Meer und auf die vorgelagerten Inselchen, auf einer von ihnen der Ort Henningsvær. Unter dem Namen »*The Arctic Triple*« organisiert Maria in einem kleinen Team drei Rennen – Ski, Laufen und Triathlon – und will damit gleichzeitig die Natur der Lofoten bewahren. »Als Sondre uns kontaktiert hat, dachten wir: Oh, das ist gutes Karma«, es sei einfach genau das, was sie machen wollen. Eine Weile sitzen wir noch zusammen, genießen die Sonne und den Ausblick, dann lockt uns der Soundcheck nach oben, der bruchstückhaft zu uns herunterweht.

Oben angekommen pralle ich zurück, der Weg geht über einen schmalen Berggrat, der Hang fällt zu beiden Seiten steil ab, Höhenangst lässt mich schwindeln. Roman hat die zum Glück nicht, er kennt das schon, wenn ich irgendwo vor Panik festfriere, und führt mich rüber, zu all den bunten Menschen, die sich mittlerweile hier oben versammelt haben. Die Instrumente sind direkt vor dem Abgrund aufgebaut, die Boxen werden von neonorangen Spanngurten gehalten, ein kleiner weißer Terrier schiebt sich über die Beerensträucher am Boden und verschwindet den Hang hinunter, die Leine spannt sich immer weiter, das Herrchen ist in ein Gespräch vertieft und bemerkt das waghalsige Manöver seines Hundes nicht.

Mit einem Satz springt Sondre zu seinem Mikrofon, alle scheinen die ersten Takte zu kennen, die die Band nun spielt, der Sänger hüpft wie verrückt und schüttelt seine blonden Haare, der Keyboarder muss immer wieder in sich hineinlächeln, das ist auch für sie etwas Besonderes, dieses Konzert über der Welt. Sverre übersetzt mir zwischendurch ein paar Liedzeilen, Sondre singt in einem norwegischen Dialekt aus dieser Gegend, es geht um Liebe. Ein Adler beginnt über unseren Köpfen zu kreisen, der Indie-Pop muss ihn sehr irritieren, eine Drohne hebt sirrend ab und ich habe schon die Bilder im Kopf, die sie

Früher wohnten Fischer in den kleinen Rorbus auf den Lofoten.
Heute werden viele zu Ferienhäusern umfunktioniert.

aufnimmt, die Band von oben, um die Spitze herum das bunte Publikum, und würde es jetzt nicht langsam ziemlich kalt, dann wäre es sehr nah an perfekt.

Die Aftershowparty steigt in der alten Holzfabrik in Henningsvær. Sverre fährt uns hin, will aber dann nach Hause. Im Dunkeln können wir kaum etwas erkennen. Ein riesiges Gebäude steht da direkt am Wasser, und mit Blick auf die Bucht leuchtet eine kleine hölzerne Bar in die Nacht. Alte Glühbirnen hängen von Holzbalken, darunter ein paar Tische und Stühle, ein Heizpilz an der Wand macht die Temperaturen erträglich. Weil wir nur noch ungefähr 300 Kronen haben, fragen wir an der Theke, wie teuer es hier ist, man ahnt ja, dass es in Norwegen etwas mehr werden könnte. Der Barkeeper winkt ab, damit kommt ihr auf jeden Fall den Abend über hin! Nach zwei Bier für jeden ist dann aber Schluss, eine Flasche kostet unglaubliche 8 Euro. Weil wir noch nichts gegessen haben, machen wir uns über die Nüsschen her, an der Bar lernen wir bald Christine und Margit kennen. Sie sind Mitte zwanzig, zusammen mit einer dritten Freundin verbringen sie den Sommer auf den Lofoten, um sich hier genug Geld für eine Asienreise zu verdienen. Sie wohnen in Svolvær in einem Rorbu, so heißen die alten Fischerhütten hier. Nach einer Weile sagt Christine: »Wir möchten euch einladen.«
Wir bekommen ihr Zimmer, das so klein ist, dass es eigentlich nur aus Bett besteht, sie legt sich zu der dritten Freundin ins Zimmer. Am nächsten Morgen macht sie uns Waffeln mit Banane, sie haben sogar eine Waschmaschine und einen Trockner – was unsere Klamotten dringend nötig haben –, wir sind wahnsinnig dankbar. Weil der Zufall es gerade gut mit uns meint, ist es von hier nur eine Viertelstunde Fußweg zu dem Treffpunkt mit dem Fischer, Christine leiht mir ein dickes Flanellhemd, falls es kalt wird auf dem Boot, wenig später schütteln wir Geir Halvard Nilssen, dem *codfather*, die Hand. Er sieht aus wie eine Mischung aus Matt Damon und Tom Hanks und trägt orange-blaues Ölzeug; um seinen Spitznamen zu erklären, muss er etwas weiter ausholen. Es ist nämlich so, er ist einer der größten Fans von Ipswich Town, einem britischen Zweitligafußballclub. Eines der höheren Tiere aus dem Verein hatte er mal mit zum Fischen rausgenommen und sie hatten einen Wahnsinnsfang gemacht, daraufhin durfte er den Spieler des Jahres küren, der Stadionsprecher kündigte ihn als den »*codfather himself*« an – den *godfather* der *cods*, der Dorsche. Er habe sogar ein Ipswich-Trikot, auf dem das draufstehe, erzählt er stolz.

Er steuert das kleine rot-weiße Boot aus der Bucht, es schaukelt leicht in den Wellen, die Bergspitzen an Land sind wolkenverhangen. Schon als Kind ist er mit seinen Onkeln rausgefahren, erzählt der einundfünfzigjährige Geir, arbeitete dann jedoch erst als Schreiner, bevor er zwei Jahre nach der Jahrtausendwende Vollzeitfischer wurde.

Aber nichts mit der alte Mann und das Meer und meditativer Einsamkeit im Rhythmus der Gezeiten, nein, Geir ist online.

Er hat einen eigenen Youtube-Kanal, eine Facebook-Seite, Instagram, das ganze Programm. Jede Woche postet er Fotos von Fischen, Bergen, Nordlichtern, mit Beschreibungen auf Norwegisch und Englisch, denn Geir ist international vernetzt, mit Fischern, Touristen, Fußballfans. Dass wir außerhalb der Reichweite des Internets reisen, kann er überhaupt nicht nachvollziehen, dass Roman noch nicht mal ein Facebook-Profil hat, bestürzt ihn geradezu. Ich verstehe ihn sogar, durch das Internet ist er nicht nur irgendein Fischer irgendwo im hohen Norden, durch das Internet ist er ein Star, eine Berühmtheit, der *codfather* eben.

Er drückt uns je eine Angel in die Hand, normalerweise fischt er mit Stellnetzen, aber es ist nicht die richtige Zeit. Die Wellen schaukeln das Boot nun so stark auf, dass wir uns festhalten müssen, unbeholfen hantiere ich mit der Angel, bis da plötzlich dieser Widerstand ist. Tatsächlich zappelt eine stattliche Makrele am Haken, als ich ihn hochhole; ohne es zu wollen, habe ich meinen ersten Fisch gefangen. Geir macht begeistert ein Foto von mir und meinem Fang; als Roman wenig später einen Dorsch aus dem Wasser zieht, fotografiert er auch ihn, ich ahne, wo diese Bilder landen werden. Er schneidet den Tieren die Kehlen auf und wirft sie in einen Eimer, das Wasser darin färbt sich rot. Mir ist klar, dass ich sie werde essen müssen, um ihrem Tod wenigstens einen kleinen Sinn zu geben. Geir schneidet ihnen die Innereien raus und wirft diese ins Wasser, Möwen stürzen sich kreischend darauf. Und dann steuert er das kleine Boot wieder zurück zum Anleger, das kleine Boot namens *Måken*, Möwe.

Wir werden die Makrele ganz aufessen, später im Rorbu, den Dorsch werden wir den Mädchen schenken, sie werden uns Wochen später ein Bild von ihren Tellern schicken und schreiben, dass er »*delicious*« war. Da ist er, der Sinn, er hilft zwar nicht den toten Fischen, aber er hilft mir.

ES IST
ALLES DA

Kapitel 10 // **Henningsvær – Finnsæter**

Big city syndrome. So nennt Andreas
den Grund, warum die Leute hier hinwollen, hier bleiben wollen, zwischen
Bergen und Meer, auf den Lofoten. Leute, die in Städten wohnen, in denen
sie den Himmel nicht sehen können und in denen Natur nur in rechteckigen
Aussparungen zugelassen wird. Leute, die nie auf Erdboden laufen können,
sondern immer nur auf Asphalt und Beton, der Boden darunter luft- und was-
serdicht versiegelt. Leute, die gerne mal wieder wissen wollen, wie die Welt
aussieht, wenn der Mensch nicht so viel draufgebaut hat. »Leute wie ihr, mit
dem *big city syndrome*«, sagt Andreas. Leute wie wir.

Anfangs hätten sie gescherzt, hier eine Art Sanatorium für die Stadtgeplagten
draus zu machen, erzählt er, es wäre ein guter Ort dafür. Wir stehen in der
kleinen Bucht, das Meer ist ruhig heute, es bricht sich sanft an den Felsen, am
Horizont zeichnen sich die Berge gegen den Himmel ab, die Sonne wärmt das
Gesicht. Wir sind zurück an der alten Holzfabrik, der *Trevarefabrikken*, dem
Ort der Aftershowparty nach dem Konzert auf dem Berggipfel. Es hatte uns
nicht losgelassen, herauszufinden, was das hier ist.

Andreas zeigt es uns jetzt. Wir klettern über eine Absperrung in eine große
staubige Betonhalle, die soll mal eine Art Hangout-Bereich werden, mit Kaf-

fee, Bier, vielleicht Konzerten. In dem Raum daneben soll eine Boulderhalle entstehen. Die Etagen darüber sollen eine Art Hostel werden, da haben sie sich auch schon ein bisschen eingerichtet. Eine Küchenecke, ein großer Tisch mit Blumen darauf, ein Klavier, dazwischen die alten Maschinen der Fabrik, in den kleineren Räumen Betten, mit Tüchern abgehängte Kuben, in denen auch Schlafplätze sind, alles noch sehr roh, aber man kann ahnen, wo es hingeht. Wir bleiben vor dem großen Fenster im zweiten Stock stehen, mit Blick auf das Meer, die Sonne fällt golden herein, genau hier sei es gewesen, wo sie entschieden hätten, die Fabrik zu kaufen, sagt Andreas. Sie, das sind er, achtundzwanzig, sein jüngerer Bruder und die beiden Brüder Mats und Andreas, den aber alle nur B nennen. Sie seien mit Sondre, dem Sänger, in den Bergen unterwegs gewesen, auf dem Rückweg habe er ihnen die Fabrik gezeigt.

»Es war nie die Frage, ob wir sie kaufen sollten. Es ging mehr darum: Was, wenn sie jemand vor uns kauft?«, sagt Andreas.

Zwei Millionen Kronen, etwas mehr als 220 000 Euro, kostete die 1948 erbaute Holzfabrik, in der zwischendurch auch schon Krabben gepult, Lebertran hergestellt und Dosen produziert wurden. Sie warfen ihr Erspartes zusammen, mittlerweile bekommen sie auch eine kulturelle Förderung. Den Umbau machen sie so gut es geht selbst und mit der Hilfe von Freiwilligen, diesen Sommer seien ungefähr hundert Leute hier gewesen, viele davon Freunde aus Trondheim, dort haben sie alle studiert. Gerade sind sie dabei, das Dach abzudichten, bis zum Herbst wollen sie damit durch sein, bevor es im Winter kalt und dunkel wird.

»Ich glaube, wir können hier ein Knotenpunkt für die Kreativen und Entrepreneure auf den Lofoten sein, vielleicht für ganz Nordnorwegen«, sagt Andreas. Er lädt uns zum Abendessen ein, und wir beschließen, gleich ganz zu bleiben. Wir helfen der zierlichen blonden Erica beim Kochen, sie hatte eigentlich nur ein paar Tage bleiben wollen, um Lampen zu bauen, nun ist sie schon seit fünf Wochen da. Wir machen mexikanische Tacos als es dunkel wird, werfen Ericas Lampen über dem Esstisch Lichtpunkte in den Raum, es ist kalt, in der Fabrik gibt es keine Heizung. Die anderen haben alle dicke Jacken an, wir scheinen uns durch das viele Draußensein aber an die Kälte gewöhnt zu haben. »Am Anfang waren wir die Harten«, sagt Mats, »jetzt sind unsere Gäste härter.«

Später kommen noch zwei Finnen, die hier gerade im Surfurlaub sind. Das ist nämlich das Tolle an den Lofoten: Man kann alles machen, surfen, tauchen,

Gegen das big city syndrome: Mats, Andreas und »B«.

Kajak fahren, wandern, klettern, Ski fahren – einfach alles. Wir holen unseren Whiskey raus, und als Andreas später ins Bett geht, sagt er: »Es ist schön, hier mal wieder ein paar Leute zu sehen.«

Bevor wir uns in unsere Stockbetten in dem Raum legen, in dem auch Erica schläft, gehen wir noch mal hoch zu dem großen Fenster, um den Nachthimmel anzuschauen. »Das muss ein perfekter Ort sein, um Nordlichter anzugucken«, sagt Roman, als wir davorstehen und in die dunkle Stille schauen.

Und wirklich genau in diesem Augenblick zieht sich ein heller Fleck am Himmel zusammen, immer stärker, in Wellen wabert dann das flackernde Licht über den Himmel.

Als wir uns vom ersten Bann lösen können, sagen wir schnell den anderen Bescheid, auch die sind ganz begeistert, es sind die ersten Nordlichter dieser Saison.

Wir gehen raus auf den Hügel neben der Fabrik, auf dem die Stockfischgestelle stehen, wie ein Band spannt sich das hellgrüne Licht über uns, pulsiert, flackert, verschwindet, zieht sich erneut zusammen, tanzt, es ist wunderschön. Physikalisch ist das gar nicht so leicht zu verstehen, was da passiert. Alles hat seinen Ursprung in der Sonne, die stößt bei einem Solarsturm energiegeladene Teilchen ins Universum, die dann auch zur Erde wandern und von deren Magnetfeld angezogen werden, vor allem von den Öffnungen des Magnetfelds an Nord- und Südpol. Wenn die Teilchen auf die Atmosphäre treffen, kollidieren sie mit erdeigenen Atomen, das erzeugt das Licht, und zwar an beiden Polen gleichzeitig. Während wir also hier auf den Lofoten die Polarlichter betrachten, tut jemand in der Nähe des Südpols gerade höchstwahrscheinlich genau das Gleiche, ein schöner Gedanke. Als wir schon glauben, dass es vorbei ist, erstarkt das grüne Licht direkt über uns und tanzt so wild und energisch, als wollte sich der Himmel zu einem anderen, geheimen Reich öffnen.

Wir erachten die Nordlichter als gutes Finale für die Lofoten. Es ist beruhigend zu wissen, dass es diesen Ort hier gibt, falls uns bald mal wieder das *big city syndrome* packen sollte.

Am nächsten Tag sitzen wir dann bei einem Finnen und einer Rumänin im Wohnmobil, die zusammen in Schottland wohnen und ein wenig von dieser

Die Nordlichter sind auch für Erica (rechts) etwas Besonderes. Wenn sie hier nicht gerade Lampen baut, lebt sie weit südlich des Polarkreises, in Oslo.

herrlichen schottischen Schrulligkeit angenommen haben. Sie, Karin, studierte Illustration in Edinburgh, er, Antti, macht seinen Doktor in Geschichte, sie tragen beide dunkle Hornbrillen. Das Wohnmobil haben sie sich von Anttis Mutter ausgeliehen, von der haben sie auch die Regel übernommen, jeden anderen Wohnmobilfahrer zu grüßen. Auf einer Strichliste zählt Karin, wie viele Wohnmobile ihnen schon begegnet sind, in vier Tagen waren es 121.

»Karin hat heute früh einige Capoeira-Lieder gesungen, um das Meer zu beruhigen, aber es hat nicht wirklich funktioniert«, erzählt Antti. »Diese traditionellen Götter tendieren dazu, etwas territorial zu sein. Vielleicht funktionieren sie nur an der brasilianischen Küste.«

Wir verbringen eine vergnügliche Fahrt zusammen, an der Tankstelle holt Antti Tee für Karin (»Do you like tea?« – »Oh yes, tea would be lovely!«), als wir aussteigen, hat sie 34 weitere Wohnmobile gezählt.

Vesterålen nun also. Der markanteste Unterschied zu den Lofoten: Hier ist kaum jemand. Eine Weile stehen wir an einer sehr ruhigen Straße, dann hält ein weißer Toyota Hiace, hintendrin liegt ein Durcheinander aus Angelruten, einem Boot, Schlafsack und Kanistern, der Fahrer hat seine Wollmütze schief auf dem Kopf und blickt uns unschlüssig an. Seine schwarze Hündin Kaisa ist sehr aufgeregt, als wir neben ihm auf die zwei Beifahrersitze klettern, sie kommt auf unsere Schöße, leckt uns ungestüm die Gesichter ab und wedelt mit dem Schwanz. Er sei auf dem Weg zum Angeln, erzählt er, Lachs, ihm gefalle der Kampf mit den großen Fischen. Wir fahren an seiner Angelstelle vorbei, die Autos seiner Freunde stehen schon da, er hat einen guten Platz für uns zum Zelten im Kopf. Zum Abschied sagt er: »Es bereichert einen so viel mehr, auf diese Weise zu reisen, als in einem teuren Hotel zu schlafen«, er mache das auch immer so, in Thailand.

>> **»Man braucht ja nicht viel, man kann einfach in die Natur gehen, laufen, fischen, es ist alles da.«**

Der nächste Morgen bringt Regen und Kriebelmücken. Kleine schwarze Punkte, die einen umschwirren, unablässig, ihre Bisse werden kleine Blutergüsse hinterlassen. Die Berge liegen in weißem Dunst, die Straße ist so leer, dass jedes vorbeifahrende Auto ein Ereignis ist, nach einer längeren Zeit, für die wir irgendwann jedes Gefühl verlieren, schaffen wir es mit einem Zimmermann bis zu den Lamas. Ganz selbstverständlich stehen sie da in ihrem Gehege, als sei das ganz normal, Lamas in Nordnorwegen, und weil diese Tiere ja immer so aussehen, als würden sie lächeln, bleiben wir ein wenig bei ihnen. Und wie wir so die Lamas taxieren und die Lamas uns, wird ein Bimmeln von fern immer lauter.

Tatamtamtam, tatamtamtam, ta tata tata tata tata tatamtam,
tingelingel tingelingel tingelingel tingelingel tingelingel.

Tatamtamtam, tatamtamtam ...

Ein Eiswagen! Einem spontanen Impuls folgend halte ich den Daumen raus, er hält tatsächlich. Der Fahrer, ein älterer Mann mit strubbeligen hellbraunen Haaren und schmalen Lippen, spricht so gut wie kein Englisch. Eis aber versteht er, das heißt auf Norwegisch is, er wühlt hinten in den Fächern, zieht einen Karton heraus, reißt ihn auf, darin Oreo-Eis im Hörnchen, er schenkt es uns, nach dem dritten lehnen wir dankend ab. Mit Fingerzeigen auf uns, unsere Rucksäcke und seinen Wagen versteht er dann auch, dass wir gerne bei ihm mitfahren würden, kein Problem, also quetschen wir uns vorne neben ihn in die hochgeheizte Fahrerkabine, »very bra«, sehr gut, sagt er und lächelt, drückt den Knopf für das Bimmeln und fährt los, ganz langsam, falls jemand Eis kaufen möchte.

... ta tata tata tata tata tatamtam,
tingelingel tingelingel tingelingel tingelingel tingelingel.

Tatamtamtam, tatamtamtam –

Es möchte niemand Eis kaufen, außerhalb der Ortschaften stellt er das Bimmeln ab, wir haben die Straße für uns, links das Meer, rechts die Berge. Fred heißt er, er hat sechs Söhne. Er sieht blass und irgendwie traurig aus, so als sei er ein bisschen müde von allem, wie die Figuren in den Filmen von Roy Andersson, fahl, lethargisch. Eine Schafherde läuft über die Straße, dann erreichen wir Andenes an der Nordspitze der Vesterålen, mit rund 2500 Einwohnern eine Großstadt hier. Es ist halb drei und wir denken: Super, dann nehmen wir die Fähre um 17 Uhr nach Senja, eine Insel weiter östlich, wir sind ja schon fast da. Da haben wir aber die Wohngebiete nicht bedacht.

– ta tata tata tata tata tatamtam,
tingelingel tingelingel tingelingel tingelingel tingelingel.

Er biegt nach links ab, kleine uniforme Reihenhäuser stehen da, wir fahren in Schrittgeschwindigkeit daran vorbei, ein Junge in neonoranger Schutzkleidung arbeitet mit Kopfhörern in einem Vorgarten. Als wir schon an ihm vorbeigeschlichen sind, ruft er uns zurück.

... ta tata tata tata tata ta –

Fred stellt das Bimmeln aus, rast zurück und hält vor einer offenen Tür, ein Mann und zwei Asiatinnen kommen raus, im Hintergrund flimmert ein Flachbildschirm. Fred wuchtet sich von seinem Fahrersitz, nimmt die abgewetzte Ledertasche mit dem Münzzähler mit, im Rückspiegel sehen wir, wie er mehrere Packungen Eis überreicht, er kommt zurück zur Fahrerkabine und holt das Kartenlesegerät, das wird er jedes Mal so machen.

– tamtam,

tingelingel tingelingel tingelingel tingelingel tingelingel ...

Ein paar quälend langsam vorbeiziehende Straßen später halten wir bei einem dicklichen Jungen mit einem Prospekt in der Hand, auch er kauft mehrere Packungen Eis. Ein dünner junger Mann geht rauchend mit seinem Hund vorbei, Fred fährt extra langsam und schaut angestrengt in den Seitenspiegel, dann schüttelt er den Kopf, »Nei«, und beschleunigt auf Schrittgeschwindigkeit. Er fährt sogar in die Sackgassen, dreht an jedem Ende, wirft prüfende Blicke in die Einfahrten.

Uns wird heiß in der überheizten Fahrerkabine, die Rucksäcke auf unseren Beinen fühlen sich immer schwerer an, ich halte meine Beine verdreht, weil überall Sachen herumliegen, der Bewegungsdrang wird langsam übermächtig. In einer Seitenstraße steht eine dicke Frau in roten Gummistiefeln, ihr Bauch zeichnet sich deutlich unter dem grauen Wollpullover ab, auch sie kauft gleich mehrere Packungen. Der Kippschalter, mit dem Fred das Gebimmel aus- und anstellt, übt eine wachsende Faszination auf mich aus. Ich würde ihn gern mal drücken, aber Fred ist so schnell und routiniert darin, dass ich immer den Moment verpasse.

Als es auf fünf zugeht, werden wir unruhig. Wir machen Fred begreiflich, dass nicht mehr viel Zeit bis zur Fähre bleibt, er murmelt irgendwas auf Norwegisch, stellt

... tatamtamtam, ta tata tata –

das Gebimmel aus und rast los. An den Kreuzungen geht er so abrupt in die Eisen, dass wir in unsere Gurte fliegen, er fragt sich zum Fähranleger durch und bringt uns direkt bis vors Schiff. Das ging plötzlich so schnell, dass wir noch Zeit für lange Verabschiedungen haben. Wir umarmen uns, und er lädt uns fürs nächste Mal zu sich nach Hause ein, er sagt mehrmals »bra«, »I like you« und »velkommen«, dann fährt er davon, über die Spuren für die Gegenrichtung, über denen ein großes Durchfahrt-verboten-Schild hängt.

Außer uns sind nur zwei andere Fahrgäste auf der Fähre, der Betrieb wird in ein paar Tagen eingestellt, dann kommt der lange, dunkle Winter. Die Polster der Sitzbänke wurden über die Jahre teilweise erneuert, offenbar mit dem Stoff, der gerade so da war, die Holztische rappeln leicht bei der Fahrt.
Es fühlt sich nun langsam nach Ende an. Anfangs hatte ich gedacht, dass das auch erleichternd sein würde, die Aussicht auf ein sicheres Bett, auf ein warmes Zuhause. Jetzt aber macht es uns traurig. Wir könnten gut noch weiterreisen, rüber nach Finnland fahren, nach Russland, oder nach Spitzbergen übersetzen, zu den Eisbären.

Man kann die Ungeplantheit als anstrengend empfinden, wir empfinden sie aber als leicht und frei. Wir müssen nichts organisieren, nichts wissen, nichts schaffen, wir müssen uns einfach nur so leicht wie möglich machen, damit der Fluss uns gut tragen kann.

Draußen tauchen nun die schroffen Berge Senjas auf, ein kleiner Ort schmiegt sich in einem schmalen Streifen an einen Hang, alles wirkt noch ein bisschen rauer als die Inseln, von denen wir kommen. Die Häuser sind zweckmäßiger, die Straßen kaputter, die Berge unzugänglicher.

Es ist kaum ein Mensch zu sehen, wir finden einen kleinen Imbiss, darin lernen wir Christian und Morten kennen. Sie kommen aus der Nähe von Tromsø und wollen Christians Jagdhütte ausbauen, bald beginne die Jagdsaison für die Raufußhühner, bis dahin soll die Hütte fertig sein. Sie ist eine halbe Stunde von hier entfernt, allerdings nur mit dem Boot erreichbar, und nun ist der Wind so stark, dass die Männer nicht fahren können. Also warten sie hier im Imbiss, bis er abflaut, wahrscheinlich wird es nach Mitternacht werden.
»Ein altes Sprichwort sagt, dass der Nordwestwind Angst vor der Dunkelheit hat«, meint Christian. »Also wird er sich legen.«
Morten ist Schmied und hat die breitesten Hände, die ich jemals gesehen habe, in der nächsten Saison will er zu der russischen Inselgruppe Franz-Josef-Land

im Nordpolarmeer, zur Robbenjagd. Das habe schon sein Großvater gemacht, »es waren immer Robbenjäger in meiner Familie.« Und es ist komisch, weil ich mir eigentlich kaum etwas Grauenvolleres vorstellen könnte als Männer, die unschuldige Tiere abschlachten, nur weil es zu viele von ihnen gibt, aber ich hasse ihn nicht dafür, wie ich das vielleicht früher getan hätte. Wenn ich früher im Münsterland, wo ich aufwuchs, über das Land fuhr und die Jäger sah, wie sie Treibjagden auf die Kaninchen in den Feldern abhielten, dann machte mich das so wütend, dass ich sie hasste, diese blöden Männer mit ihren blöden Gewehren. Auf dieser Reise nun habe ich so viele Menschen kennengelernt, die etwas tun, was mir nicht gefällt – wir trampten mit jemandem, der in der Ölindustrie arbeitete; Ronny, der Ex-Soldat, erzählte uns von seinen Onkeln, den Waljägern; Geir, der Fischer, verteidigte Robben- und Waljagd und schwang dabei drohend einen Haken gegen die Umweltschützer dieser Welt; und nun Morten, der Robben töten will. Es gefällt mir zwar immer noch nicht, aber ich kann es tolerieren. Hier im Norden hat man ein anderes Verhältnis zur Natur und zu den Wesen, die darin wohnen. Es ist enger und deshalb vielleicht auch ehrlicher als mein Schulmädchenpazifismus gegenüber Lebewesen, denen ich nie begegnet bin, die mir nie den Fisch aus den Netzen gefressen oder den Wald hinter dem Haus verwüstet haben. Deswegen trete ich nun keine Diskussion los – außerdem hat Morten ja wie gesagt die breitesten und sicher auch stärksten Hände, die ich jemals gesehen habe.

Weil sie eh noch warten müssen, schlägt Christian vor, eine Spritztour durch den Ort zu machen. Er zeigt uns seine alte Schule, das Haus seiner Oma, die Kirche, es ist überschaubar. Er erzählt uns, dass das hier wohl der einzige Ort im Norden ist, an dem die Leute früher Siesta hielten. Spanier hätten diesen Brauch vor einigen hundert Jahren auf die Insel gebracht, als ihr Frachtschiff gesunken sei und sie sich daraufhin auf Senja niedergelassen hätten.

Dann fährt er uns ein Stück raus aus dem Ort, im Licht der Scheinwerfer erkennen wir Gebüsch und unebene Rasenflächen, und als Christian uns einen Platz empfiehlt, um unser Zelt aufzuschlagen, fällt ihm auf, dass genau hier früher sein Elternhaus gestanden hat. In den Achtzigern riss eine Schneelawine eins der Nachbarhäuser mit sich, danach mussten alle umziehen, der Standort galt nicht mehr als sicher. Der Sturm, der dann in der Nacht durch

Geschützt vor Regen und Sturm gibt es Abendessen unter der Plane.

die Bäume auf uns zurollt, klingt tatsächlich ein bisschen wie eine Lawine, er schüttelt unser kleines Zelt durch, als wollte er es niederreißen, als wollte er schreien: Habt ihr nicht verstanden? Hier ist es nicht sicher!

Die Schäden, die wir in der Ruhe des nächsten Morgens finden, halten sich in Grenzen. Ein bisschen Wasser da, wo es nicht sein sollte, und ein unerklärlicher Sprung in dem Display meines (geliehenen) Handys. Ein wenig später stehen wir, noch etwas zerwühlt, vor zwei riesigen … ja, Klumpen. Es dauert ein wenig, bis wir die Gesichter darin erkennen. Große, knollige Nasen, breite Münder, ein paar Warzen. Trolle, das sind riesige, grinsende Trolle. Die gibt es nämlich in Norwegen, so wie es auch Elfen auf Island gibt. Und hier in Finnsæter auf Senja gibt es den größten. Er, der Senjatroll, ist 17,96 Meter groß, sitzend wohlgemerkt, und schaffte es damit 1997 ins »Guinness-Buch der Rekorde«. Die Frau zu seiner Linken ist immerhin 14,4 Meter groß, beide leben schon seit Langem in Mythen und Erzählungen auf Senja. Dass sie nun hier in der Morgensonne sitzen und das Land überblicken können, haben sie Leif Rubach zu verdanken.

Schon als Kind sah er überall in den Felsen Trollgesichter, im Frost der Fenster sah er Blumen, erzählt uns Siw, seine Frau, bei einer Tasse Kaffee. Den großen Troll baute er ganz alleine innerhalb eines Jahres, es sei sein Kindheitstraum gewesen, den größten Troll der Welt zu erschaffen. Er ist begehbar, und in seinem Bauch bewahrt er all die Sagen und Geschichten über ihn und seinesgleichen auf. Siw schließt uns auf, im Sommer wälzten sich ganze Busladungen hier durch, aber jetzt, Anfang September, kommt kaum noch jemand. Drinnen ist es kalt und duster, auf zwei Stockwerken sitzen Trolle an flackernden Feuern, auf Booten, in Schatzkammern und im Gefängnis, Leif hat sich hier seine eigene Welt geschaffen. In den Bauch der Trollfrau, die er zusammen mit Siw errichtete, bauten sie einen 120 Quadratmeter großen »Versammlungsraum des Trollparlaments«, wie sie in einem Prospekt schreiben. Darin ist auch eine Bühne, auf der Leif in den geschäftigen Sommermonaten jeden Tag eine Trollshow aufführt, mit selbst geschriebenen Trollliedern und Kindern aus der Gegend, die sich mit ihm als Trolle verkleiden. Roman ist vollkommen fasziniert, auf mich wirkt es aber fast ein bisschen verstörend, in all diese knollnasigen stummen Fratzen zu sehen, ich freue mich sehr über die helle, warme Sonne draußen.

Leif steht gerade auf einer wackligen Leiter und spritzt den großen Troll mit einem Hochdruckreiniger sauber, in den Wassertropfen leuchtet ein Regenbogen. Ich rufe ihm zu, er solle vorsichtig sein. »Ich bin ein Troll!«, ruft er zurück und lächelt verschmitzt. »Ich sage immer, er ist ein Duracell-Hase«, sagt Siw. »Er ist einundsiebzig, achtzehn Jahre älter als ich, trotzdem fühle ich mich oft älter als er.«

Siw hat ihren Kindern aus erster Ehe immer Geschichten von einem kleinen Troll erzählt, der in ihrem Haus unbemerkt lebte, ihr vierjähriger Sohn traute sich daraufhin nicht mehr alleine nach draußen. Ihre Tochter drängte sie dazu, die Geschichten aufzuschreiben, und nach einem Urlaub auf Senja schickte sie Leif ihren Text über den kleinen Troll und bat ihn um seine Meinung, daraus wuchs ihre Beziehung. »Wir haben keine gemeinsamen Kinder, aber wir sagen immer, dass dieser kleine Troll unser Kind ist, weil er uns zusammengebracht hat.« Sie muss lachen und streicht ihre langen grauen Haare aus dem Gesicht. »Es ist wie ein Märchen.«

Sie müsse jetzt noch was vorbereiten, morgen kämen zweihundert Soldaten, das machten die traditionell jedes Jahr bei Dienstbeginn. Sie werden sie im »Hulderheimen« empfangen, einem nicht minder fantasievoll gestalteten Restaurant und Souvenirladen. Es ist benannt nach der Huldra, einer schönen Waldfee mit langen hellen Haaren, die die Männer verführt und zu sich lockt, man erkennt sie an ihrem Kuhschweif. Als solche verkleide auch Siw sich morgen für die Soldaten, wenn sie ihnen ihre Pfannkuchen und ihren Kaffee auftische, Leif wird natürlich ein Troll sein.

Und wir? Wir bekommen den bunten Zugwaggon am hinteren Ende des Themenparks. Mit Trollen hat der nichts zu tun, ihn dürfte aber jedes Kind in Norwegen kennen. Er war nämlich Bestandteil der »Sesam Stasjon«, der norwegischen Co-Produktion der »Sesamstraße«. Ein Foto von Max Mekker, einem dicken blauen Bahnmitarbeiter mit grüner Nase, und Alfa, einer gelben, quietschigen Puppe mit einem Zopf auf dem Kopf, den man heute als Assipalme bezeichnen würde, hängt darin an einer Wand, die Äquivalente zu Samson und Tiffy. Drei Originalsitze stammen aus der Zeit vor 1949, als der Waggon noch in Betrieb war, ein paar Requisiten wie die Fahnen des Schaffners und alte Koffer erinnern daran. Fließend Wasser gibt es nicht, dafür aber eine Heizung und ein großes Bett. Normalerweise vermieten sie den Waggon

Dieser kleine Mensch baute
diesen großen Troll ganz alleine:
Leif Rubach.

an Feriengäste, da jetzt aber eh nichts mehr los sei, könnten wir auch darin schlafen, wir freuen uns wahnsinnig. Wer hätte gedacht, dass wir sogar bei Trollen wohnen würden?

Am Anfang unserer Reise hätte es uns vielleicht geärgert, nun allein in diesem Waggon zu sein, weil es ja bestimmt viel spannender wäre, bei den anderen zu sein und zu sehen, wie sie leben, zu hören, was sie denken. Je näher aber das Ende unserer Reise rückt, desto ruhiger werden wir. Einen Raum nur für sich zu haben, ohne mit anderen Leuten interagieren zu müssen, das ist nun Luxus. Nichts regeln, nichts verstehen, nichts suchen, einfach nur sein.

Bevor wir später am Abend ins Bett gehen, schieben wir noch einmal den Vorhang zur Seite und blicken rüber zu dem großen Troll, und das mag jetzt merkwürdig klingen, aber es ist irgendwie beruhigend zu wissen, dass er da sitzt und aufpasst.

DAS GROSSE FINALE

Kapitel 11 // **Tromsø**

Alles geht plötzlich so schnell, zu schnell vielleicht. Auf Senja sammelt uns ein Schweizer Paar ein, das bereits ein Hotel für den Abend in Tromsø vorgebucht hat und am nächsten Tag schon am Nordkap sein will, wir fahren einfach mit. Senja fliegt an uns vorbei, irgendwo auf dem Festland halten wir an einem Hotelrestaurant, und weil man da mit seinem Tablett an Getränkespendern und Essensausgabe entlanggehen muss, erinnert es mich auf eine seltsame Art an die Restaurants in Skigebieten und Raststätten. Es gibt kein vegetarisches Gericht, also zieht die Bedienung zur Veranschaulichung meiner Möglichkeiten eingeschweißtes vorgekochtes Gemüse hervor, ich wähle den Salat. In den letzten Stunden vor Tromsø halten wir ab und an für Fotos, vom Wasserfall, von den Bergen, vom Meer, von den Schneefeldern, am Nachmittag kommen wir an. Die Schweizer verschwinden in ihr Hotel und wir stehen dann erst mal da, in dieser Stadt. Sie erstreckt sich inmitten von Bergen über mehrere Inseln und ist deswegen flächenmäßig die größte Stadt Norwegens, obwohl sie mit rund 72 000 Einwohnern nur rund ein Achtel der Bewohner von Oslo beheimatet.

Weil unsere letzte Dusche schon wieder eine Weile her ist, wollen wir ins Wasser. Mehr oder weniger zufällig stolpern wir am Hafen in die Touristeninformation, in der uns eine sehr genervte – weil eigentlich gleich geschlossen – Frau mitteilt, in Tromsø gebe es kein Schwimmbad. Wir haben auf unserer Reise aber mal was von den Hurtigruten gehört, den Kreuzfahrtschiffen, die jeden Tag für ein paar Stunden in Tromsø anlegen. Auf die soll man umsonst drauf können und da soll es auch einen Pool geben. Davon will die Touristeninformationsfrau nichts wissen, war ja klar. Wir gehen trotzdem einfach hin, das schwarz-rot-weiße Schiff ist leicht zu finden, immerhin ist es für bis zu 1000 Passagiere zugelassen, also von stattlicher Größe. Wir gehen mit einem Schwung Senioren mit Rollkoffern an Bord eine Computerstimme sagt bei jedem gescannten Ticket »Welcome«, nur bei uns natürlich nicht, aber nach dem Vorzeigen unserer Pässe dürfen auch wir die heiligen Hallen betreten.

Ursprünglich fuhren die Hurtigruten die Post entlang der norwegischen Küste aus, das tun sie zwar schon seit Mitte der Achtzigerjahre nicht mehr, Fracht befördern sie aber neben den Touristen immer noch. Und *hurtig* hat die gleiche Bedeutung wie im Deutschen: schnell. Die Schiffe legen die Strecke zwischen Bergen im Süden und Kirkenes im Norden innerhalb von sechseinhalb Tagen zurück, für uns eine unvorstellbare Geschwindigkeit.

Wir irren über die mit Teppich ausgelegten Gänge, und als wir im ersten Stock aufs Deck treten, stehen wir direkt unter den großen Rettungsbooten, ein älteres Paar in blauen Plastiklehnstühlen schaut uns mit ausdruckslosen Mienen an. Oben im Restaurant schlägt uns Karten spielende, strickende, starrende Langeweile entgegen, da endlich finden wir den Pool, flankiert von zwei Whirlpools rechts und links, es ist ein herrliches Gefühl hineinzutauchen. Wir reizen unsere Zeit in der blubbernden Vollkommenheit maximal aus; kurz bevor das Schiff Richtung Skjervøy ablegt, verlassen wir es.

Wir schlendern ziellos umher, all die Vorteile und Verlockungen einer Stadt – wir wissen nichts mit ihnen anzufangen. Die Einkaufsstraßen, die Läden, der urbane Rhythmus langweilen uns schneller, als wir erwartet haben. Wir essen Burger in einem Laden im Super-Mario-Design, eine Neonschrift auf einer schwarzen Tafel hinter dem Tresen wirbt für Fritz-Limo »*straight outta Hamburg*« für 48 Kronen die Flasche, rund 5 Euro. Wahnsinn, jetzt sind wir zwei Monate unterwegs und haben sicher so um die 3000 Kilometer zurückgelegt, nur um auf eine solch profane Weise von unserer Heimat eingeholt zu werden? Mit Limonade?! Nach einem langen Moment der Fassungslosigkeit bestellen wir sie uns, es gibt auch nichts anderes, sie schmeckt nach Zuhause. So richtig *straight outta Hamburg* kamen wir nicht hierher, dafür wird es in wenigen Tagen ziemlich *straight* zurückgehen, wir schieben den Gedanken beiseite. Draußen auf der Parkbank trinken wir unseren letzten Wodka, es ist Samstagabend. Wir ziehen weiter in die Bar eines Programmkinos, um Leute für einen Schlafplatz zu finden, es klappt nicht. Gegen halb zwei nachts geben wir auf, und weil wir ja mitten in einer Stadt sind, müssen wir erst mal eine ganze Weile laufen, um einen Zeltplatz zu finden. Wir haben ein paar widersprüchliche Tipps dazu erhalten, die empfohlenen Plätze haben aber alle gemeinsam, dass sie auf der anderen Seite des Wassers liegen, also müssen wir über die 1016 Meter lange und am höchsten Punkt 38 Meter hohe Brücke. Zum Glück ist es dunkel und ich so müde, dass die Höhenangst nur als leise Ahnung in mir aufflackert. Auf der anderen Uferseite laufen wir vorbei an der nördlichsten Kathedrale der Welt, durch ein nicht enden wollendes Wohngebiet zu der Seilbahn, die auf den 421 Meter hohen Berg Storsteinen führt. Hinter der Station bedeckt ein Wald aus kleinen knorrigen Bäumen den Hang, da laufen wir rein, stolpern über Wurzeln, die dem Schein unserer Kopflampen entgangen sind, finden nach langem Suchen endlich einen einigermaßen ebenen Platz für unser Zelt; kaum sind wir hineingekrochen, fängt es an zu regnen.

Auch am Morgen ist der Regen noch da, eine weiße Katze läuft durch den sattgrünen Farn. Zurück im Zentrum checken wir zum dritten Mal seit unserer Ankunft das Kinoprogramm, es läuft immer noch nichts Gutes, und wenn, dann ist es auf Norwegisch.

Es ist Zeit für ein Hotel, ein Zimmer nur für uns, in dem uns das Bett gemacht und die Handtücher bereitgelegt werden. Wir stellen uns das als eine Art Belohnung vor.

Sessel, Stuhl, Tisch, kleiner Kühlschrank, großes Bett, Flachbildschirm, im Nebenraum ein kleines Bad, Souterrain, na ja: Keller. Mit unseren Rucksäcken und uns ist das Zimmer voll, draußen vor dem Oberlicht fahren ständig Autos vorbei, in unregelmäßigen Abständen surrt der Kühlschrank. Das also ist es? Unser erstes und einziges Hotelzimmer seit zwei Monaten. Es ist irgendwie unbefriedigend. Alles scheint hier darauf hinauszulaufen, sich im Bett aufzuhalten, woanders ist gar kein Platz, und wenn man in diesem Bett liegt, dann läuft alles darauf hinaus, diesen Flachbildschirm anzuschalten, auf den man unweigerlich gucken muss, weil er genau so aufgehängt wurde, mitten ins Blickfeld. Und dann liegt man da, in seinem Hotelzimmer in Tromsø, und schaut norwegisches Fernsehen, von dem man nichts versteht.

Am nächsten Morgen lassen wir den Zimmerservice vergeblich klopfen; wir sind in die Vergangenheit entschwunden. Hier bei unserem ersten Stillstand seit zwei Monaten beginnen wir zu begreifen. Es hat funktioniert, sogar noch viel besser, als wir uns das je hätten vorstellen können. Wir haben sie wirklich kennengelernt, die Menschen, die Länder, die Bäume, die Ameisen, die Regentropfen. Und obwohl die Reise nun fast vorbei ist, ist das alles nicht zu Ende. Wir haben nun jede Menge neue Freunde, die wir jederzeit wieder besuchen können, zelten würden wir mittlerweile fast überall bei beinahe jedem Wetter, viel freier könnten wir uns kaum fühlen. Nur hier in diesem Hotelzimmer fühlen wir uns eingesperrt, lahmgelegt, falsch.

Aus einem Café mit großen Fenstern blicken wir am Nachmittag hinaus Richtung Südosten, und da sehen wir diesen sonnenbeschienenen Berg, den größten von allen, bedeckt mit frischem Schnee, der in der letzten Nacht gefallen sein muss. Wir fragen die Bedienung, eine junge Studentin, welcher Berg das sei, der da so verheißungsvoll im Licht leuchte. »Der Tromsdalstinden«, sagt sie, 1238 Meter hoch, man gelte erst als richtiger Bewohner von Tromsø, wenn man ihn siebenmal bestiegen habe. So oft werden wir es nicht mehr schaffen, aber einmal, das ginge schon. Wir beschließen, am nächsten Tag hochzugehen und ein letztes Mal einfach loszulaufen.

Wir stehen früh auf, Sonnenstrahlen fallen durch das Kellerfenster, die Stadt draußen leuchtet im Morgenlicht, es ist kaum jemand unterwegs. Wir überqueren die Brücke zum dritten Mal, nun wieder aus der Stadt raus, und weil wir den Weg zum Berg gar nicht kennen, halten wir einfach mal Luftlinie darauf zu. Bald lassen wir die Häuser hinter uns, aus der Straße wird eine Schotterpiste, ein knorriger Wald wird von plätschernden Bächen durchzogen; als der Weg leicht ansteigt, überholen uns zuerst zwei Mountainbiker und dann

zwei Motorräder und ein Quad. Schmal und geschwungen führt der Weg auf eine grüne Hochebene, mehrmals kreuzt er den Bach, je höher wir kommen, desto mehr Rottöne mischen sich in das Moos, selbst hier wachsen noch vereinzelt Beeren. Hinter einem Sumpf steigt der Weg steil an und zieht sich in Serpentinen den Berg hinauf, weiter oben geht der Boden in Geröll über. Erste Schneeflecken tauchen auf, wir stapfen begeistert hindurch und betrachten unsere Fußabdrücke darin. Bald sind wir so hoch, dass wir die Spitzen der Berge um uns herum sehen können, wie mit einem Lineal ist die Schneekante auf ihren Kuppen gezogen. Dann können wir bis hinunter aufs Wasser gucken, und mal ehrlich, eine bessere Kombination als Berge und Meer gibt es nicht. Das im Wasser reflektierende Sonnenlicht, die grünen Hochebenen, die weiß gepuderten Bergspitzen, es wirkt wie die perfekte Inszenierung einer Nordlandschaft.

Hier oben können wir wieder frei atmen. Der aufdringliche Flachbildschirm, das beengte Hotelzimmer, die erdrückende Stadt – all das ist nun weit weg. Unter uns die Stadt, vor uns der Hang, über uns der Himmel. Wir haben uns daran gewöhnt, kleine Punkte in der weiten Landschaft zu sein, das Verhältnis fühlt sich richtiger an als die Egozentrik der Stadt. Beim Blick auf Tromsø da hinten auf seinen Inseln bin ich wie so oft beim Wandern fasziniert davon, wie weit man in wenigen Stunden laufen kann und wie gut sich das anfühlt.

Der Wind zieht jetzt kräftig an, so stark, dass wir uns dagegenlehnen müssen, am Himmel hat er die Wolken dramatisch auseinandergerissen, als wäre die Aussicht nicht sowieso schon dramatisch genug. Oberhalb der Schneegrenze brechen wir bald bis zur Hälfte der Unterschenkel in schneeverwehte Geröllöcher ein, immer beschwerlicher wird der Weg, immer besser die Aussicht. Wäre da nicht der eisige Wind, könnten wir Stunden hier oben zubringen und uns herrlich entrückt von allem fühlen, so aber treibt uns die Kälte zurück in das windgeschützte Tal.

Unsere Hände sind taub, die Ohren brennen, die Hosen kleben nasskalt an den Waden, bald wird es vorbei sein, sagen wir uns, bald wird sich die Anspannung in blubbernder Wärme auflösen. Schon den ganzen Tag lang haben wir mit dem Gedanken gespielt, noch einmal an Bord der Hurtigruten zu gehen, als perfekten Abschluss nach der Anstrengung, am allerletzten Abend. Das hätte doch Stil, mondän auf diesem irre teuren Dampfer im Whirlpool zu sitzen, noch nicht mal erschlichen, ganz legal, Blick auf den Fjord, das wäre ein würdiges Ende. Also beeilen wir uns auf dem Rückweg, um rechtzeitig in die Stadt zurückzukommen, bevor das Schiff ablegt. Manche Abhänge rennen wir hinunter, zurück auf die Schotterpiste, zurück auf die Straße, ein letztes Mal über die Brücke, am Hafen entlang, die Füße fangen an zu schmerzen, aber wir schaffen es. Atemlos hetzen wir auf das Schiff, verstauen unseren Wanderrucksack im Gepäckraum, wühlen unsere Badesachen raus und stopfen sie in eine Tüte. Wir eilen die Treppen hoch, quer rüber zur Spitze, durch die Türen nach draußen – aber da ist nichts. Ein leeres Deck, nur ein paar Plastikstühle stehen rum. Wir laufen in das Treppenhaus, vielleicht haben wir uns im Stockwerk geirrt? Eine Putzfrau kommt uns entgegen, auch in den Etagen darüber und darunter ist kein Pool. Gut, er kann ja auf diesem Schiff ganz woanders sein. Wir laufen durch enge Gänge, finden irgendwo einen Schiffsplan und darauf sogar eine Sauna, da ist sicher auch der Pool, denken wir uns, aber wo kein Pool eingezeichnet ist, ist auch tatsächlich keiner. Wir durchkämmen das ganze Schiff, bis wir es einsehen müssen: Hier gibt es keinen Pool.

Was hatten wir erwartet? Dass das Glück sich gnädig mit uns zeigen würde, weil wir es uns irgendwie verdient hatten an unserem letzten Abend? Wir müssen beinahe darüber lachen. Risiko hatte die ganze Reise über bedeutet, dass etwas schiefgehen kann, sonst wäre es kein Risiko. Nun aber hatten wir das Glück erzwingen wollen, für den perfekten letzten Moment. Eigentlich ist es sogar gut, dass jetzt kein Whirlpool hier steht, dass nicht die Sonne golden untergeht, dass sich nicht alles in Wohlbehagen auflöst. Was wäre denn das für eine Aussage gewesen? Das Glück lässt sich erzwingen, wenn man es nur doll genug will?

Wir trotten zurück zum Gepäckraum, in der Hand noch immer die Plastiktüte mit den Badesachen, der Angestellte am Empfang, der uns vor einer Viertelstunde erst eingecheckt hat und nun wieder auscheckt, muss uns für verrückt halten. Die Computerstimme quäkt »Welcome«, als die nächsten Gäste das Schiff betreten, die Sonne ist hinter grauen Wolken verschwunden.

Nein, das Glück hat keinen Sinn für Dramaturgie.

DANKSAGUNG

Diese Seiten sind eigentlich die wichtigsten des ganzen Buches, denn ohne all die Menschen, die uns auf unserem Weg geholfen haben, wäre die Reise sehr kurz und sehr langweilig geworden, und niemand hätte dieses Buch lesen wollen.

Danke an Nico Ahrens, Pit Groll, Henning Scheffen, Laura Ullrich, Marek Endrich, Nacha Vollenweider, Carina Rühl, Nina, Alexander, Wolfhard und Perle Frost, Martin Bro Christensen, Arne Christiansen und Rune, Hartwig Schröder, Jens Anton Havskov, Mark und Martin, Johanna und Niklas Högberg, Fredrik Samuelsson, Andreas Lindlöf, Christa Toth, Jörgen, Ørjan Bjeriang, Robert Eriksson, Ketil und Bjørn Tore, Solomon, Lisa Tøfting, Trond, Lars-Erik Olofsson, Jerry Fredrikkson, Jonas, Hans Christian Håland, Gunnar Bråthen, Lasse Wangen, Camille Launais, Katrin Keppler und Eike Ober, Sverre Idar Bergseng Lakså, Karin Eremia und Antti, Marius, Fred Aas, Christian Wilhelmsen und Morten Isaksen, Karin Wildhaber und Yves Grüniger und all die anderen namenlosen Menschen – insgesamt 68 –, die uns ein Stück des Weges mitgenommen haben. Danke auch an all diejenigen, die an uns vorbeigefahren sind, ihr habt die Sache spannend gemacht.

Danke an Dirk Hückstädt, Rebekka Bolte und Michael Vortmüller, Michael Stender und Maria Wandahl, Søren Ellegaard, Martin Bro Christensen, Britta Tarp, Martin Jørgensen, Rita Gudaitiene, Motoki Shibata, Masahiro Nishio, Hartwig Schröder, Lorenz Kunze, Ariane Meier, Elias Philipp, Elias Struck, Ben, Kim Lyons, Fergus Woods, Sam, Friederike Sydow, Johanna und Niklas Högberg, Andràs Banovits, Gabi, Michael und Theresa Fuchs, Ketil Bjørn Tore, Britt und Juralf Andreas, Maria Östlund und Pexo, Michael Tonk, Monica und

Ronny Wollert Andreassen, Hans Christian Håland, Lulli Hvedding, Kjell Berntsen, Christine Tommervik Kollsgård, Margit Hoen Hersleth, Josefine, Andreas Hjelle, Andreas, Mats, Erica Marley, Siw und Leif Rubach, dass wir bei euch schlafen durften. Bei manchen von euch stellten wir unser Zelt in den Garten, bei manchen schliefen wir auf dem Sofa, bei manchen sogar im eigenen Bett, bei einigen von euch durften wir uns duschen oder unsere Wäsche waschen, viele von euch luden uns zum Essen ein. Danke auch an Michael Heck und Karoline Tiesler für den Urlaub im Urlaub und das Bier in eurem Kofferraum. Ohne euch alle wären wir sehr verwahrlost, wir hätten sogar ziemlich sicher aufgegeben, und dann hätte es dieses Buch nie gegeben.

Das würde sich ohne die Hilfe von Freunden und Familie sicher auch nur halb so schön lesen. Danke an meine Korrekturleser Roman Pawlowski, der sich neben dem Fotografieren auch auf das Texten versteht, meine Eltern Annette und Holger Beller, Marek Endrich und Ruby Liebmann. Großen Dank auch an meinen Lektor Patrick Schär für den feinfühligen Umgang mit mir und meinem Text. Danke Anselm Schenkluhn für die Kontakte im Norden, auch wenn wir sie am Ende nicht nutzten. Danke an meine Mitbewohner Cale Garrido, Philipp Meuser und Julian Marder, dass ihr meine Krisen ausgehalten habt, und danke an Elke und Klaus Pawlowski für das Schreibexil am Meer, als es besser war allein zu sein.

Das Gepäck für unsere Reise haben wir versucht auf das Notwendigste zu beschränken. Im Namen unserer Rücken danken wir Hilleberg, Mammut, Vaude und Fjällräven für das Sponsoring superleichter Ausrüstung.

POST VON UNTERWEGS

»Wir hatten das Glück, jungen Leuten wie euch zu begegnen, die eine Idee repräsentieren und ausleben: Das Leben und die Menschen sind gut und helfen gerne!«   *Maria & Michael, Gråsten*

»Die Begegnung mit Euch verstärkt den Gedanken, in Zukunft noch häufiger freundlich-neugierig auf sympathische Fremde zuzugehen. Daraus entsteht immer Gutes.«   *Elias, Pippilotta*

»Ich fand das schon sehr mutig, wie ihr auf diese Art und Weise gereist seid. Und es muss wohl auch sehr befreiend gewesen sein, also spirituell.« *FERGUS, Pippilotta*

»Es hat großen Spaß gemacht, euch hier zu haben. Wenn man jemandem helfen kann, warum nicht? Außerdem erlebt man, wenn man abseits der ausgetretenen Pfade unterwegs ist, immer wieder neue Dinge und trifft neue, interessante Leute.«   *Johanna & Niklas, Veinge*

»Als ich euch herumgeführt habe und wenn ich jetzt die Fotos anschaue, schätze ich unser altes, sehr besonderes Haus wieder ganz neu.« *Maria, Gäddede*

»Bei dieser ganzen Sache geht es irgendwie auch darum, sich gegen bestimmte Trends in dieser technischen Welt zu stellen.« *Sander (in einem Artikel für die Lofotposten), Henningsvær*

»Es war schön, euch als Crew zu haben, und jederzeit gerne wieder.« *Geir ›the Codfather‹, Svolvær*

SVENJA BELLER, geboren 1987, studierte Journalistik
in Hannover und Buenos Aires. Nach ihrem Volontariat beim Green-
peace Magazin arbeitet sie seit 2012 als freie Journalistin. In ihren
Reportagen besetzte sie Bäume mit Kohlekraftgegnern, flog an
Drahtseilen durch den laotischen Regenwald, begleitete Kühe zur
Schlachtbank, zeigte sich selbst bei der Polizei an und sah in Russland
ihren Wimpern beim Einfrieren zu.

ROMAN PAWLOWSKI, geboren 1988, studierte Fotografie in
Hannover, Hamburg und Sibirien. Als Porträt- und Reportagefotograf
arbeitet er gerne eng mit Menschen zusammen. Wenn er nicht gerade
fotografiert oder an seinem ersten Dokumentarfilm arbeitet, kann
es passieren, dass er plötzlich aufbricht – wie, wohin und wie lange,
weiß er manchmal selbst nicht genau.

1. Auflage 2017
© 2017 DuMont Reiseverlag GmbH & Co. KG
Marco-Polo-Straße 1
D-73760 Ostfildern
www.dumontreise.de

Lektorat: Patrick Schär, Berlin/Zürich
Covergestaltung: Design Orchestra, Tomsk
Gestaltung: Katrin Kleinschrot und Marion Köster, Stuttgart
Illustrationen und Karte: Boldfish Illustration – Ingo Neumann, Wandlitz

ISBN 978-3-7701-8385-7